Creating Robust Companies: Rules for ITIL Implementation

強い会社はこうして作られる！
ITIL 実践の鉄則

Information
Technology
Infrastructure
Library

久納信之・著

技術評論社

■ご購入・ご利用の前に必ずお読みください

本書に記載された内容は，ITILに関する情報の提供を目的としています。本書の情報の運用は，必ずお客様自身の責任と判断によって行ってください。これらの情報を運用した結果について，技術評論社および著者はいかなる責任も負いません。また，個別のケースへの対応もいたしません。

以上の注意事項をご承諾いただいた上で，本書をご利用ください。これらの注意事項をお読みいただかずに，お問い合わせいただいても，技術評論社および著者は対処しかねます。あらかじめご承知おきください。

ITIL（IT Infrastructure Library）は英国および欧州連合各国における英国OGC（Office of Govemment Commerce：商務局）の商標または登録商標です。ITILの著作権は英国OGCにあります。
本書で使用している図版はITILのService Support（サービスサポート）およびService Delivery（サービスデリバリ）からの引用により作成したものがあります。
本文中に記載されている製品の名称は，すべて関係各社および関係団体などの商標または登録商標です。また，本文中では（©）及び（™）マークは省略しています。

■■はじめに

　ビジネスのあらゆるプロセスにITが深く入り込んでいる現在，ITはビジネスの成功要因としての役割を求められています。また，J-SOXなど企業の法令遵守や社会的責任を果たすためにも，IT組織（ITサービス部門）の責任と重要度はますます高まっています。

　このような状況の中，ビジネス戦略との整合性，価値の提供，リスクの管理，リソースの管理，成果の測定などの観点から，IT組織の活動が厳しく評価される時代になりつつあります。また，個々のITテクノロジの最適化とその運用から，それらのテクノロジを融合させて，ITサービスとしてビジネス側に提供する「ITサービスマネジメント」の考え方は，いまやITサービスに携わる者のコアコンピテンシー＝必要不可欠な知識になったと言えるでしょう。

　ITILは世界中で共通する，ITサービスマネジメントのベストプラクティスです。IT組織としての活動のあり方，あるべき姿のITサービスマネジメントの手本と言えるものです。ITILを有効に活用することによって，IT組織の成熟度を高めていくことが，ITサービスマネジメントの実践と目指すべき目標の到達への近道であることは間違いありません。「筆者」のITサービスマネジメントへの取り組みの経験からも，ITILを参考にすると大変よい結果を得られることは事実です。

　ITILはITサービスマネジメントのフレームワークです。したがって，単にITサービスマネジメントの機能やプロセスを実践するだけではなく，ITとしての物事の考え方や振る舞いがどうあるべきかを理解することは，ITILをフル活用する上でのポイントになると筆者は考えています。

　本書では単にITILの機能やプロセスを説明するだけではなく，できる限り具体的な例を挙げて，ITサービスマネジメントを実践するにあたっての考え方や振る舞いについて解説しています。ぜひ参考にして，日々のITサービスマネジメントの実践に活かしていただきたいと思います。

　2007年　筆者

第1章 ITILとは何か？　1

[基礎解説編] ……………………………………………………… 2

- 基礎 **1-1** ITILの書籍と資格 …………………………………… 2
- 基礎 **1-2** ITILのどの書籍を勉強するべきか？ ……………… 4
- 基礎 **1-3** ITILの基本的な考え方 …………………………… 5
- 基礎 **1-4** ITILの概念 ………………………………………… 7

[一問一答編] ……………………………………………………… 10

- 疑問 **1-1** 何のためにITILを導入するのですか？ ………… 10
- 疑問 **1-2** なぜITILが注目されているのですか？ ………… 12
- 疑問 **1-3** 「ITILは目新しいものではない」とはどういう意味ですか？ …… 14
- 疑問 **1-4** ITILを実践するにあたって大切な心構えは何ですか？ ……… 16
- 疑問 **1-5** ITILにおける「顧客」とは何ですか？ …………… 17
- 疑問 **1-6** ITILにおける「ユーザ」とは何ですか？ ………… 19
- 疑問 **1-7** ITサービスの「マネージャ」とは何をする人のことですか？ …… 20

第2章 サービスデスク　25

[基礎解説編] ……………………………………………………… 26

- 基礎 **2-1** サービスデスクの目標 …………………………… 26
- 基礎 **2-2** サービスデスクの構造 …………………………… 27
- 基礎 **2-3** ユーザからの問い合わせ窓口の形態 …………… 30
- 基礎 **2-4** サービスデスクの活動 …………………………… 31
- 基礎 **2-5** サービスデスクのKPI …………………………… 34

[一問一答編] 35

- 疑問 2-1 「サービスプロバイダ」と「サービスサプライヤ」の間にはどんな関係がありますか？ 35
- 疑問 2-2 「サービスデスク」とは何をする所ですか？ 36
- 疑問 2-3 なぜサービスデスクは単一でなければならないのですか？ 37
- 疑問 2-4 サービスデスクにはどんなスキルが必要ですか？ 40

第3章 インシデント管理　43

[基礎解説編] 44

- 基礎 3-1 インシデント管理の目標 44
- 基礎 3-2 インシデント管理の主な活動 45
- 基礎 3-3 インシデント管理のKPI 48

[一問一答編] 50

- 疑問 3-1 「インシデント」とは何ですか？ 50
- 疑問 3-2 インシデント管理は何をするプロセスですか？ 51

第4章 問題管理　55

[基礎解説編] 56

- 基礎 4-1 問題管理の目標 56
- 基礎 4-2 問題管理の活動①－問題コントロール 57
- 基礎 4-3 問題管理の活動②－エラーコントロール 58
- 基礎 4-4 問題管理の活動③－問題のプロアクティブな予防 60
- 基礎 4-5 問題管理の活動④－重大な問題の完了後のレビュー 60

| 基礎 | 4-6 | 問題管理のKPI | 61 |

[一問一答編] 62

疑問	4-1	問題管理は何をするプロセスですか？	62
疑問	4-2	問題コントロールとは何をすることですか？	65
疑問	4-3	エラーコントロールとは何をすることですか？	67

第5章 変更管理 71

[基礎解説編] 72

基礎	5-1	変更管理の目標	72
基礎	5-2	変更管理の活動	73
基礎	5-3	CABについて	77
基礎	5-4	問題管理のKPI	78

[一問一答編] 79

疑問	5-1	変更管理はどんなプロセスですか？	79
疑問	5-2	RFCはどんな書類ですか？	81
疑問	5-3	CABはどんな組織なのですか？	83
疑問	5-4	変更管理のプロセスはどのように進めたらよいのですか？	85

第6章 リリース管理 89

[基礎解説編] 90

| 基礎 | 6-1 | リリース管理の目標 | 90 |
| 基礎 | 6-2 | リリース管理の活動 | 91 |

- 基礎 6-3　3つのリリース方式 ……………………………………………… 94
- 基礎 6-4　リリース管理とDSL（確定版ソフトウェア保管庫）……… 95
- 基礎 6-5　リリース管理のKPI …………………………………………… 96

[一問一答編] ……………………………………………………………… 98

- 疑問 6-1　リリース管理は何をするプロセスですか？ ………………… 98

第7章　構成管理　101

[基礎解説編] ……………………………………………………………… 102

- 基礎 7-1　構成管理の目標 ……………………………………………… 102
- 基礎 7-2　構成管理の活動 ……………………………………………… 102
- 基礎 7-3　ソフトウェアライセンスを管理する ……………………… 103
- 基礎 7-4　構成管理のKPI ……………………………………………… 108

[一問一答編] ……………………………………………………………… 109

- 疑問 7-1　構成管理のプロセスでは何を管理するのですか？ ……… 109
- 疑問 7-2　CMDBとは何ですか？ ……………………………………… 112
- 疑問 7-3　構成管理のコントロールで使われるインフラがよく理解できません ……… 114
- 疑問 7-4　「属性」と「関係」はどう違うのですか？ ………………… 116

第8章　サービスレベル管理　119

[基礎解説編] ……………………………………………………………… 120

- 基礎 8-1　サービスレベル管理の目標 ………………………………… 120
- 基礎 8-2　サービスレベル管理の活動 ………………………………… 121

| 基礎 | 8-3 | サービスレベル管理で求められること | 125 |
| 基礎 | 8-4 | サービスレベル管理のKPI | 125 |

[一問一答編] ... 127

| 疑問 | 8-1 | サービスレベル管理は何をするプロセスですか？ | 127 |
| 疑問 | 8-2 | SLAはどのように書けばよいのですか？ | 130 |

第9章 可用性管理　135

[基礎解説編] ... 136

基礎	9-1	可用性管理の目標	136
基礎	9-2	可用性管理の基本要素	137
基礎	9-3	可用性管理の活動〜可用性計画立案	138
基礎	9-4	可用性管理の基本コンセプト	141
基礎	9-5	可用性管理のKPI	142

[一問一答編] ... 144

疑問	9-1	可用性管理は何をするプロセスですか？	144
疑問	9-2	可用性管理にはどんな側面がありますか？	145
疑問	9-3	可用性を強化するにはどうしたらよいですか？	149

第10章 ITサービス継続性管理　153

[基礎解説編] ... 154

| 基礎 | 10-1 | ITサービス継続性管理の目標 | 154 |
| 基礎 | 10-2 | ITサービス継続性管理の主な活動 | 155 |

| 基礎 | 10-2 | ITサービス継続性管理計画の定期的なテスト ……………… 159 |
| 基礎 | 10-2 | ITサービス継続性管理のKPI ……………………………… 161 |

[一問一答編] …………………………………………………………… 162

| 疑問 | 10-1 | ITサービス継続性管理は何をするプロセスですか？ ……… 162 |
| 疑問 | 10-2 | ITサービス継続性管理の「4つのステージ」とは何ですか？ …… 164 |

第11章 キャパシティ管理　169

[基礎解説編] …………………………………………………………… 170

基礎	11-1	キャパシティ管理の目標 …………………………………… 170
基礎	11-2	キャパシティ管理のサブプロセス ………………………… 171
基礎	11-3	キャパシティ管理の主な活動 ……………………………… 173
基礎	11-4	キャパシティ管理のKPI …………………………………… 176

[一問一答編] …………………………………………………………… 178

| 疑問 | 11-1 | キャパシティ管理は何をするプロセスですか？ …………… 178 |
| 疑問 | 11-2 | キャパシティ管理はどのように実施するのですか？ ……… 181 |

第12章 ITサービス財務管理　185

[基礎解説編] …………………………………………………………… 186

基礎	12-1	ITサービス財務管理の目標 ………………………………… 186
基礎	12-2	ITサービス財務管理の主な活動 …………………………… 186
基礎	12-3	ITサービス財務管理のキーワード～各種のコスト ……… 188
基礎	12-4	ITサービス財務管理における考え方 ……………………… 190

| 基礎 | **12-5** | ITサービス財務管理のKPI | 192 |

[一問一答編] ……194

| 疑問 | **12-1** | ITサービス財務管理は何をするプロセスですか？ | 194 |
| 疑問 | **12-2** | ITサービス財務管理はどのような手順で実施するのですか？ | 197 |

第13章 ITILのビジョン・判定・測定についての疑問 201

疑問	**13-1**	「ITILのビジョン」とは何ですか？	202
疑問	**13-2**	ITサービス部門の成熟度はどのように判定したらよいのですか？	204
疑問	**13-3**	「ステークホルダ」とは何をする人ですか？	205
疑問	**13-4**	プロジェクトの成果はどのように測定するのですか？	207
疑問	**13-5**	「改善活動の維持」とはどうすることですか？	209

本書はITIL V2をテーマにしています。ITIL V3については、以下の書籍をご参照ください。

ITIL V3実践の鉄則（技術評論社）
ISBN978-4-7741-4132-9　本体1,980円＋税

第 1 章

ITILとは何か？

CHAPTER 1

ITILとは何か？ ▷ 基礎解説編

基礎 1-1 ITILの書籍と資格

　ITIL（アイティル）はInformation Technology Infrastructure Libraryの略です。1980年代に英国商務省（OGC）が作成した，全7冊の書籍集のことです。

　1980年代，英国経済の停滞についてOGCが行った調査の結果，「ITが十分に活用されていないこと」が原因の1つとして挙げられました。その解決策として作成されたのがITILです。ITILは企業や組織におけるITサービスマネジメントのベストプラクティス（成功事例）としてまとめられたフレームワーク（枠組み，骨格）なのです。

　現在，ビジネスの形態や業種を問わず，ITILはIT運用の改善や最適化のために世界中で使われており，ITサービスマネジメントのデファクトスタンダード，**すなわちITサービスマネジメントにおける事実上の世界標準**となっています。また，ITILは誕生してからITの進歩に合わせて書き換えられており，現在でも**継続的に進化**し続けています。

　以下はITILを構成する7冊の書籍です。2007年現在，セキュリティ管理を除いて日本語化されています。

[1] Service Support：サービスサポート
[2] Service Delivery：サービスデリバリ
[3] Planning to Implement Service Management
　　：サービスマネジメント導入計画立案
[4] Business Perspective
　　：ビジネスの観点（サービス提供におけるITからの視点）
[5] Application Management：アプリケーション管理
[6] ICT Infrastructure Management：ICTインフラストラクチャ管理
[7] Security Management：セキュリティ管理

　なお，現在は**ITIL Ver3**（バージョン3）のプロジェクトが進行中です。2007年5月末，現行の7冊の書籍は5冊に再編されて出版される予定です。ビジネスの観点をより強く意識した上で，アプリケーション開発からその運用に至る「ITサービスライフサイクル」の考え方を取り入れた内容になり，現在のVer2よりも

読みやすくなるとのことです。

　以下はVer3の書籍の構成です。基本的な概念は，Ver2の「アプリケーション管理」ですでに解説されているとも言われています。ローカライゼーション（英語以外の言語への対応）も進行中とのことですが，日本語バージョンの出版時期は本稿の執筆時点では不明です。

[1] Service Strategy
[2] Service Design
[3] Service Transition
[4] Service Operation
[5] Continual Service Improvement

　従来のVer2で解説されているITILの機能とプロセスは，Ver3でも継承されています。また，Ver2の資格を取得した人を対象として，Ver3への差分講習を実施するトレーニングプロバイダ（講習と試験を実施している企業）もあります。

　ITILの資格試験は，日本ではISEB（英国）とEXIN（オランダ）という2つの団体から提供されています。以下の3つの資格試験の受験が可能であり，それぞれ日本語化されています。

- Foundation Certificate in IT Service Management（ファウンデーション）
  ITILの基本レベルの試験です。上位資格のPractitionerやManagerの受験にあたって，この資格の認定が必須です。2〜3日の講習の後に受験できます。
- Practitioner Certificate in IT Service Management
  ITILの各プロセスごとに求められるスキルを確認します。
- Manager Certificate in IT Service Management（マネージャ）
  ITサービスマネージャとしての資質とスキルを確認します。ITサービスを提供する組織の管理者など，顧客に対してITサービス全体の責任を持つ立場の人，またはベンダーのコンサルタントなどを対象としたハイレベルな内容です。5日×2回の講習の後に受験できます。

　ITILの資格試験を受験するには，トレーニングプロバイダが実施している講習を受講する必要があります。講習および試験の内容，日程，料金などについては，各トレーニングプロバイダのWebサイトなどで確認して下さい。

基礎 1-2　ITILのどの書籍を勉強するべきか？

　一般的に「ITIL」と表現した場合は**サービスサポート（青本）**と**サービスデリバリ（赤本）**の2冊を指します。これに加えて，ITILの概念を理解するためには**サービスマネジメント導入計画立案**と**ビジネスの観点**の2冊も読むことをお勧めします。

▼「ITIL」とは一般にサービスサポートとサービスデリバリの2冊を指す

ITIL（7冊の書籍）　　　　　　企業で活用（実践）

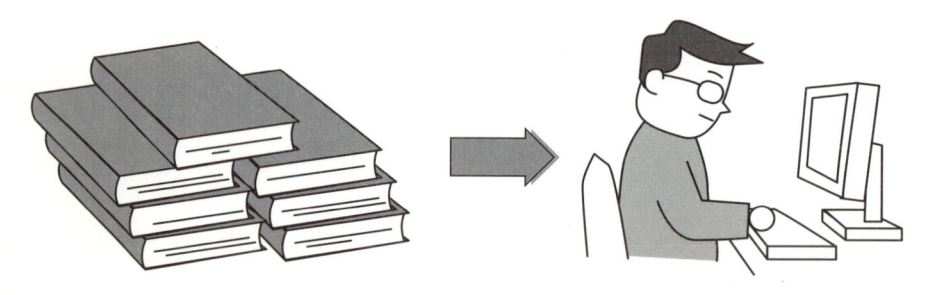

・Service Support（サービスサポート）
・Service Delivery（サービスデリバリ）
　ほか

　「サービスサポート」で解説する内容は以下のとおりです。ITサービスマネジメントの実業務における，1つの機能と5つのプロセスを中心に体系化してまとめてあります。

　・サービスデスク（機能）　・インシデント管理　・問題管理
　・変更管理　・リリース管理　・構成管理

　「サービスデリバリ」で解説する内容は以下のとおりです。リスクに基づいたITサービスマネジメントを実施する上で必要になる，5つのプロセスを中心として体系化して解説しています。これらは「サービスサポート」の各機能やプロセスを実施する上での基本だと言えます。

　・サービスレベル管理　・ITサービス財務管理　・キャパシティ管理
　・可用性管理　・ITサービス継続性管理

　「サービスサポート」と「サービスデリバリ」は，2冊で計650ページ以上の分量があります。本書で解説できるのは，要点のみであることをご了承ください。

基礎 1-3 ITILの基本的な考え方

「サービスサポート」と「サービスデリバリ」では，機能とプロセスごとの目的，基本コンセプト，入力（インプット）→活動→出力（アウトプット）という形式によるプロセスのあり方を解説しています。これに加えて，重要成功要因（CSF）や重要業績指標（KPI）などの計測項目や手法，成功事例から学んだ考え方，失敗しないためのコツなどが解説されています。

例えば，サービスサポートでは「インシデント管理」[注1-1]のプロセスを解説しています。インシデント管理では，インシデントを「サービスを阻害する，またはサービスの質を低下させる，あるいはその可能性があるイベント」と定義しています。インシデント管理の目標は「可能な限り迅速に，通常のITサービスを回復させることです。ビジネスへの悪影響を最小限に抑えて，品質と可用性のサービスレベルを（提供可能な）最高の状態に維持すること」と設定しています。そして，これらを体系立てて詳細に解説しています。

この定義や目的を読むことによって，例えば以下のことを理解できます。ITサービス部門の業務を当たり前のように遂行するだけでは気づきにくいことです。

- ITサービスのレベルについて，ITサービス部門とビジネス部門とで合意しておく必用がある。そうでないと，インシデントについて明確に定義できない
- インシデント管理の最終目標は，インシデントの発生時に一刻も早くビジネス活動を復旧させることである。ITシステムの不具合を直すことだとは限らない

▼ ITシステムの不都合を直すのに時間がかかる場合，応急処置によってビジネス活動の再開を優先させる

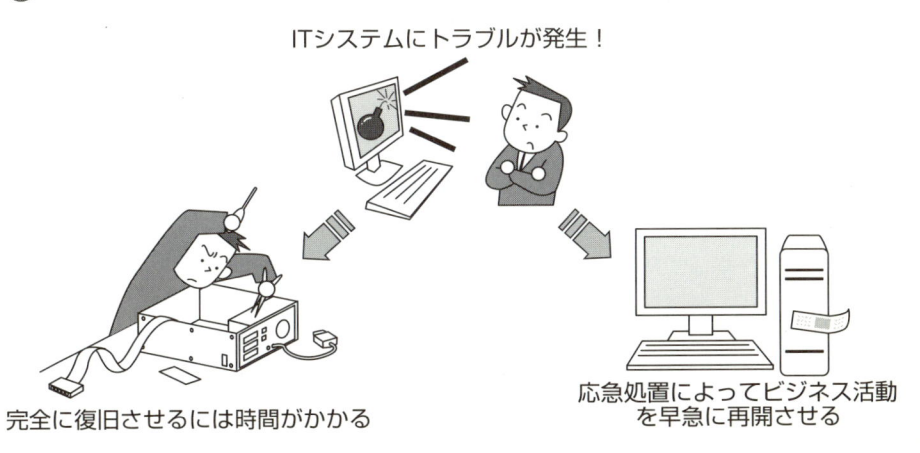

ITシステムにトラブルが発生！

完全に復旧させるには時間がかかる

応急処置によってビジネス活動を早急に再開させる

ITILでは，ITサービス部門の業務を世界標準のベストプラクティスをもとに体系立てて見直し，フレームワークとしてまとめ，もっとも効率のよいプロセスのあり方について解説しています。

▶▶ スモールステップ・クイックウィン

ITILではサービスマネジメント導入計画立案を中心にして，ITIL実践にあたっての考え方を解説しています。その1つはスモールステップ・クイックウィンです。これは**できる範囲の小さなできることから始めて，早く成果を出す**ということです。

ITサービスマネジメントの守備範囲はネットワークやデータセンター，PCサポートなどのインフラから，それぞれのビジネスプロセスに直結したアプリケーションまで広範囲にわたります。また，ITILはすべてのITサービスマネジメントの活動を網羅しています。ITサービス部門の規模にもよりますが，ITサービスマネジメントを開始するにあたって適用範囲が広過ぎると，よい結果が出せない場合があります。したがって，小さいことから始めて早くよい結果を出すようにして，適用範囲を少しずつ広げることにより，確実にITサービスマネジメントを成功させるのです。

▶▶ CSIP

ITIL実践にあたってのもう1つの考え方はCSIP（継続的サービス改善活動），すなわち**ITILの基本は日々の改善活動の継続である**ということです。

ITILの考え方では，最も効率がよくて費用対効果が高いITサービスマネジメントは「日々の改善活動」によって達成されます。例えば，SLA[注1-2]で合意されたサービスレベルに基づいて，ITサービスマネジメントを実行したとします。その結果はビジネス部門とITサービス部門でレビュー（評価）しますが，もし合意したサービスレベルを達成できなかった場合は，ビジネス部門の協力を得て目標達成のための改善を実施します。一方，サービスレベルを達成できたとしても，変化が早いビジネスの観点から不満があるならば，費用対効果を考慮して改善に取り組むことになります。

▶▶ プロアクティブなアクション

改善活動の考え方として，ITILではプロアクティブ[注1-3]なアクションを重視しています。これは**不都合が発生してから行動するのではなく，前もって予防する保全的なアクションを積極的に行うべきである**ということです。

基礎 1-4 ITILの概念

ここではITILの概念を理解する上で重要な用語について解説します。「顧客」や「ユーザ」のように日常よく使われる用語でも，ITILにおいては意味が異なる場合もあるので，混同しないよう注意が必要です。

▶▶ ITサービスマネジメント

ITILは「ITこそがビジネス」「ビジネスはITそのもの」という，ITサービスマネジメントの理念に基づいてまとめられています。このため，ITILのすべての考え方はビジネスを強く意識しています。単にネットワーク，サーバ，コンピュータ，アプリケーションなどを保守するのではなく，各コンポーネントを組み合わせて，ビジネス要件に基づいて費用対効果が最も高い，あるべき姿のITサービスを提供することを目指すのです。日本版SOX法[注1-4]などのコンプライアンスやCSR[注1-5]，SOA[注1-6]，仮想化など，新しいアーキテクチャに対応するためには，ITサービスマネジメントが不可欠です。このため，近年はITILへの注目がさらに高まっています。

▶▶ フレームワーク

ITILではあるべき姿のITサービスマネジメントを実現するための基本的な考え方と，それに基づいたプロセスや活動について解説しています。ITサービスマネジメントの詳細な運用手順には触れていません。このため，ITILは企業の業態や組織構造，ITテクノロジなどに影響されることなく適用できます。

ITILでは「フレームワーク」という考え方も大切です。例えば，プロジェクトマネジメントのフレームワークを想像してください。企業内では多くのプロジェクトが進行しています。各プロジェクトは対象の範囲，目的，予算，人材など，取り巻く状況が異なります。このさまざまなプロジェクトを効果的，かつ効率的に遂行するためにフレームワークがあります。プロジェクト自体の計画，組織化，予算化，スケジュール決定，効果の確認などのプロセスは，プロジェクトが異なっても基本的に同一です。つまり，どのようなプロジェクトに対してでも，1つのフレームワークで対応できるのです。

ITILには「必ずこうしなければならない」という決まりはありません。最終的には，ビジネス部門からの要件に基づいて解決策を選択すればよいのです。与えられた組織や環境，ビジネスの形態や状況によって，ITILの実践によって導き出

される答えは異なる場合もあるのです。

　別の見方をすると、これは「ITILには当たり前のことが書いてあるけれど、実際に現場で何をすればよいのか分かりづらい」と言われる原因だとも考えられます。ITILを理解する上で大切なことは、**現状に対して何らかの問題意識を持つ**ことです。問題意識を持って、改善するための解決策を探れば、ITILは大変役に立つツールになるのです。

▼ITILでは現状に対して問題意識を持つことが大切である

「ネットワークの管理方法は現状のままでよいのか？」という問題意識

▶▶顧客とユーザ

　通常、「顧客」「ユーザ」とはビジネス上の取引先企業や消費者を指す言葉ですが、ITILにおいては意味が違います。ITILにおける顧客とは、ITサービス部門から見て「ITサービスを享受することによってビジネスを展開し、実質的にITサービスの費用（コスト）を負担している組織」の責任者、ユーザとは「ITサービスを使ってビジネスを実行している実務者」です。一般的な企業の営業組織を例にすると、顧客は営業部の管理職、ユーザは営業部員と考えることができます。

　ITILでは**顧客とユーザを明確に分けて考える**ことが重要です。例えば業務用のパソコンを更新する場合、ユーザは自分の仕事を中心にとらえます。このため「1台あたりの予算が1〜2万円高くなってもいいから、高性能のパソコンを導入してほしい」と要求します。一方、顧客はビジネスの観点からとらえます。パソコン1台あたり+1〜2万円であっても、台数が増えればトータルで数十〜数百万円の上乗せになるため、その投資効果の正当性が証明できるかを考えます。

ITILでは常に顧客を中心に考えて，最も費用対効果が高いITサービスマネジメントの実現を目指します（もちろん，ユーザを無視するわけではありません）。ITILがSLA中心に書かれているのはこのためです。

▶▶ IT成熟度の向上

ITILが挙げる「ITサービスマネジメントの目的」は，ITサービス部門の成熟度を上げて，ビジネス戦略を実現させるIT組織へと成長することです。ビジネスとITサービスを融合させて，それによってビジネスに対して価値を提供し，**ビジネス目標達成のための力になるIT組織**として評価されることを目指すのです。

「サービスサポート」と「サービスデリバリ」の2冊を読むと，ITサービスの品質や費用対効果の向上だけを重視すればいいような印象を受けるかもしれません。しかし，ITILを構成する7冊の書籍全体からは，前述のITサービス部門の成熟度，ビジネスとITサービスの融合，ビジネスに対する価値の提供などの概念が強調されていることが読み取れます。サービスサポートとサービスデリバリの内容は，これらの概念の上にまとめられていると言えます。

- 注1-1　インシデント管理
  インシデントは「ビジネスに悪影響を及ぼす障害」と考えることもできる。3章「インシデント管理」を参照
- 注1-2　SLA
  Service Level Agreement＝サービスレベル合意（またはサービスレベル契約）。ITサービスの範囲や内容についての具体的な取り決めのこと。8章「サービスレベル管理」などを参照
- 注1-3　プロアクティブ
  「将来を見据えて，事前に対策を講じる」という意味
- 注1-4　日本版SOX法
  米国サーベンスオクスリー法（SOX法）にならい，企業の会計監査制度と内部統制強化を求める法規制。日本版企業改革法，J-SOXと呼ばれることもある
- 注1-5　CSR
  Corporate Social Responsibility＝企業の社会的責任
- 注1-6　SOA
  Service Oriented Architecture＝サービス指向アーキテクチャ

ITILとは何か？ ▷ 一問一答編

疑問 1-1　何のためにITILを導入するのですか？

→ ITIL導入の目的は，あるべき姿のIT運用を実現することです。成熟したIT企業を目指し，ビジネス戦略を実現させるためのIT運用を可能にします。

▶▶ あるべき姿のIT運用とは？

　現在，ITはあらゆるビジネスプロセスに深く入り込んでいます。ビジネスゴールを達成するためのビジネス戦略において，ITを無視できません。

　ITは日々の会社の業務を支えています。例えば，会社の基幹システムがダウンすれば業務も停止します。売り上げ目標を達成できないだけでは済まず，社会での評判も悪くなります。ライフラインや医療関係のように社会的責任が重い業務であれば，会社のトップが引責辞任に追い込まれ，会社の存亡の危機に発展する可能性もあるのです。

▼ 基幹システムのダウンが会社の致命傷になることもある

①会社の基幹システムがダウン　　②その影響で社会的に重要な業務が停止すると……　　③会社の存続に関わるダメージを破る危険性がある

　このように，ITはビジネス上重要である反面，会社にとって重大なリスク要因にもなり得ます。このため，ビジネス戦略を実現させ，なおかつリスクを最小限にするためには，IT運用において以下のような取り組みが必要です。

①テクノロジの標準化／簡素化／統合化

②ビジネスとITの双方を理解し，リーダーシップを発揮できる人材の育成
③IT運用業務とプロセスの体系化／可視化
④ビジネス要件に基づき，コストに見合った，日々改善されるIT運用
⑤ビジネス要件に基づいた，正しいシステムの信頼性と可用性の実現
⑥すべてのIT運用業務／プロセスで実行される，正しいセキュリティ活動
⑦ビジネス戦略に基づいたIT戦略の実行
⑧ITとして実現するビジネス価値の創造

　これらはすなわち，**本来あるべき姿のIT運用を目指す**ということです。独自の手法で目指すこともできますが，すでに多くの会社が取り組み，有用性が実証されているITILを活用しない手はありません。あるべき姿のIT運用を実現させるためには，ITILの活用がもっとも効率のよい方法なのです。

▶▶「あるべき姿のIT運用」の重要性

　本節の冒頭で挙げた「ビジネス戦略の実現」とは，具体的にどういうことでしょうか？　例として「あらゆる経費を削減し，その分を消費者へ還元することで他社と差別化する」というビジネス戦略を実施する場合を考えます。
　このようなケースでは，製造部は安い人件費を求めて海外工場の建設を検討することがあります。これと同様に，ITサービス部門でも海外のリソースを利用したコスト削減を検討するならば，それは上記の④「ビジネス要件に基づき，コストに見合った，日々改善されるIT運用」ということになります。
　このような事例を考えたとき，あるべき姿のIT運用の重要性が見えてきます。つまり，企業が「IT運用改善のサイクルが常に回り続け，人材が育成され，IT運用業務やプロセスが標準化されていて，その全体を体系化／監視／測定できる」という状態であることが大切なのです。

▶▶ITILは導入するものではない

　ITILはグローバルスタンダード（世界標準）のIT運用プロセスです。前述のように海外のリソースを利用する場合，ITILの実践は非常に有利に働きます。事実，インドや中国では海外からの仕事の受注を狙って，ITILの資格取得やBS15000（BSI15000）やISO/ISE20000の認証取得に熱心に取り組んでいます。
　ここで注意したいのは，「ITILを導入する」という言い方はあまり適切ではないことです。正確には「ITILを実践する」あるいは「ITILを参考にする」と表現するのが適切でしょう。その理由は，**ITILには必ずこうするという決まりが**

ないからです。その会社の業種，ビジネスの形態，組織の規模やITサービス部門の状況などに応じて，IT運用を改善するための取り組みも違うのです。

ITILはPDCAサイクル[注1-7]を回します。ITILの基本的な考え方はスモールステップ・クイックウィン[注1-8]またはCSIP[注1-9]です。ITILを実践する（または参考にする）にあたって，このことを理解しておくべきです。

ITILは"導入したら終わり"ではありません。また，単に資格を取得すること，ISO20000やBS15000などの認証を取得することが目的なのでもありません。ビジネス目標やビジネス戦略を実現するため，ITILを実践するのです。

総括

ITIL導入の目的

◎ITIL導入の目的は，本来あるべき姿のIT運用を目指すことである！
◎ITILは実践または参考にするものであり，導入したら終わりではない！

疑問 1-2 なぜITILが注目されているのですか？

> ITILはあらゆる業界／業種／会社／組織で利用できる，ITサービスマネジメントのベストプラクティスだからです。

▶▶ 相反する要求に対応する

ITILはITサービスマネジメントのベストプラクティスです。ご存じのように，IT運用は複雑な機能やプロセスから構成されています。ITILはさまざまな会社や組織におけるサービスマネジメントへの取り組みについて分析し，それを体系立てて整理しています。

ビジネス戦略を実現するため，また会社のリスクを低減するため，ITの重要度は日々増しています。ビジネスプロセスが多様化し，ビジネスが変化するサイクルも短くなり，ITシステムはより複雑化しています。このような背景に合わせて，**ビジネスの変化に素早く対応できるIT運用**が求められています。例えば「IT運用コストの削減」と「システムの信頼性および可用性の向上」という要求を出されることもあり得ます。この場合は相反する要求に応じながら，さらに効率的なIT運用を実践しなければならないのです。

このような状況を打開するため，ITILは非常に有効な参考書となります。

ITILの実践によって，以下のような改善が可能になるのです。

- 日々遂行されるIT運用プロセスを体系立て，それを"IT運用における当たり前のこと"として整理する
- それぞれのプロセスの目的や手順を明確化し，日々標準化しながら改善する

この改善に独自の手法で取り組むと，ノウハウがないので時間を要します。「独自の手法で実践したが，ITILと比較して大きな違いはなかった」ということもあり得ます。それなら，最初からITILを活用する方がメリットは大きいでしょう。

▶▶ ITILが世界標準であることのメリット

ITILはIT運用におけるグローバルデファクトスタンダード，つまり**事実上の世界標準**です。これも多くの会社がITILに注目する理由の1つです。ビジネスのグローバル化に合わせて，IT運用もグローバル化に対応する必要があります。その際，国や地域が違っても，標準のIT運用プロセスの考え方，そこで使われる用語の定義が共通であれば，グローバルな視点でIT運用の効率化に取り組むことが

▼ ITILは世界標準の手法である

「ITILの手法は全世界で通用する」

可能になり，より大きな効果を期待できるのです。

　これは日本国内だけで考えても同様です。支社・支店・営業所などの会社組織が各地に分散している場合，あるいは異なる会社間の場合でも，ITILの実践によって以下のようなメリットが得られます。

・地域／組織が異なっても，標準のIT運用プロセスを整備できる
・地域をまたがる，バーチャルなIT運用組織を構築できる

　後者については，サービスデスクやIDC（Internet Data Center）の統合などで大きな効果があります。また，関係ベンダーとの間で標準のIT運用の手法として扱えるので，効率的なベンダーマネジメントが可能になります。

総括　ITILが注目される理由

◎ITILはビジネスの変化に素早く対応するための武器になる！
◎ITILの手法は国や組織の違いを超えて通用する！

疑問1-3　「ITILは目新しいものではない」とはどういう意味ですか？

→「ITILは最新の成功事例やテクノロジの応用事例などを解説するものではない」ということです。

▶▶ 大切なのは問題意識を持つこと

　ITILとは，多くの企業や組織で長年培われてきたIT運用手法の成功例やベストプラクティスを体系的にまとめた書籍です。あるべき姿のIT運用を目指すため，どのように取り組むべきかを解説しています。それは「新しい手法を実践した企業の成功例」や「最新技術の応用例」といったものではありません。そのような情報の提供は，ITILの目的ではないのです。

　IT運用に限らず，企業内の組織は常にあるべき姿を目指しています。特に意識せず，毎日の業務を当たり前に遂行しています。ここで重要なのは，**日々の業務に対して問題意識を持つこと**です。問題意識を持たずにITILを参照しても，ITILからは何も得られないのです。

▶▶ ITILの内容〜インシデント管理

　ここでITILで解説している項目の1つ，インシデント管理[注1-10]プロセスについて簡単に説明します。

　日々のITサービスの運用において，さまざまな不具合が発生します。例えば，ある会社の基幹システムで何らかの障害が発生したと想定しましょう。

　受発注システムの出荷伝票を発行する機能がダウンして，出荷伝票を印刷できなくなり，商品の出荷が不能になりました。現状を把握したITサービス部門はシステムを回復させようと試みますが，作業は難航して復旧まで時間がかかりそうです。このままでは，大きなビジネス損失が発生してしまいます。ITサービス部門は緊急避難的にあらゆる手段を駆使して，倉庫に出荷指示データを送るために努力します。その行動には「とにかくビジネスを復旧させて，最悪の事態を避ける」という意味があります。

　このような作業は規則などがなくてもでも，**知らないうちに実施している**のではないでしょうか？　ITILではこのような作業をインシデント管理と呼んでいます。ITILでは各アクションの目的，目的を達成するために必要な情報，原因を究明する方法，アウトプット（結果）はどうあるべきかなどを解説しています。

　インシデント管理で重要なのは作業の優先順位です。ビジネスに負のインパクト（悪影響）を与える不具合が発生した場合，ITサービス部門は「ビジネスを早急に復旧させること」あるいは「ビジネスへの負のインパクトを最小限にすること」を優先して対応します。システムを復旧させることは，必ずしも最優先ではないのです。

　この「不都合が発生したら何を優先するべきか」という考え方は，前述の問題意識の一例です。このような問題意識を持ってITILを読めば，そこから多くのヒントが得られ，そしてインシデント管理の「プロセスの改善」へとつながります。上記の例であれば，「ワークアラウンド[注1-11]についてどう検討するべきか」などのテーマで議論することが第一歩になります。この時点でITILの実践は始まり，やがてその効果が現れてくるはずです。

総括　ITILは目新しいものではない

◎ITILは長年培われてきた，IT運用手法のベストプラクティスである！
◎ITILでは日々の業務に対して問題意識を持つことが重要である！

疑問 1-4 ITILを実践するにあたって大切な心構えは何ですか？

→ 業務改善のために問題意識，その問題を解決しようとする意志を持つことです。

▶▶ 問題意識を持つことの重要性

　ITILの基本はPDCAサイクルを回すことです。PDCAサイクルは継続的な業務改善を実現するためのマネジメント手法です。つまり，ITILの実践で大切なのは**現状に問題意識を持つこと，または現状の問題に気づくこと**です。そして，**その問題を解決しようとする意志を持つこと**が必要です。

　例えば，リンゴが木から落ちることを問題と思わない人が科学の本を読んでも，「万有引力があるから落ちるんだ」で終わりです。しかし，「リンゴが木から落ちると傷がついて，商品価値がなくなるので何とかしたい」と考える人が同じ本を読むと，そこから多くのアイデアが生まれる[注1-12]のです。

▶▶ IT運用の可視化は日々の改善につながる

　ITILでCSIPを実践する上で，**計測，予見，管理**ができることは重要です。そのために必要なのがIT運用の可視化です。IT運用の可視化は日々の改善活動につながり，さらに改善後の効果の測定も可能にします。

　日本の工場は，効率性の高さを世界に誇っています。そこではネジ1本の取り付け作業でも「どちら向きで，どちらの方向へ何歩進んで手に取り，どの工具を使用して，どのように取り付ける」というように可視化されています。そこから，ネジを置く位置，向き，工具の形などについて日々の改善が続いていきます。IT運用の世界でも同じことが言えるのです。

総括 ITIL実践にあたっての心構え
◎現状に問題意識を持ち，IT運用を可視化することが重要である！

疑問 1-5 ITILにおける「顧客」とは何ですか？

> IT運用の費用を負担する社内組織の責任者が顧客です。社外の取引先企業、一般消費者のことではありません。

▶▶ ITILの顧客は社内のビジネス部門

ITILを構成する7冊の書籍は、一企業内のビジネス部門とITサービス部門を想定して書かれています。このため、ITILにおける「顧客」は**同じ企業内の顧客**のことであり、ビジネス上の取引先企業や一般消費者ではありません。ITILの顧客について定義すると、以下のようになります。

> **確認　ITILにおける顧客**
>
> ITILの顧客とは、以下に該当する部門の責任者のことである。
> ①ビジネスプロセス・アプリケーションにおける責任と権限を有する
> ②IT運用によるサービスを享受する
> ③サービスの享受によってビジネスを遂行する
> ④IT運用の費用を実質的に負担している

ITサービス部門はコストセンター[注1-13]であり、IT運用にかかる費用はビジネス部門（プロットセンター）が負担します。上記の定義と合わせて考えると、例えば製造工場のMRPシステム[注1-14]や生産管理システムなどを運用する場合ならば、購買部門長、製造部門長、工場長などの管理職が顧客です。受発注システムの場合は、営業部門長や物流部門長などが顧客となるでしょう。

ITILで顧客という言葉が頻繁に登場するのは、「ビジネス＝IT」という基本的な考え方があるからです。このため、ビジネスの観点でIT運用の最適化＆効率化を目指すうえで、顧客の役割は重要なのです。

なお、実際の業務でITシステムを使用するのは「ユーザ」です。ユーザについては疑問1-6「ITILにおけるユーザとは何ですか？」を参照してください。

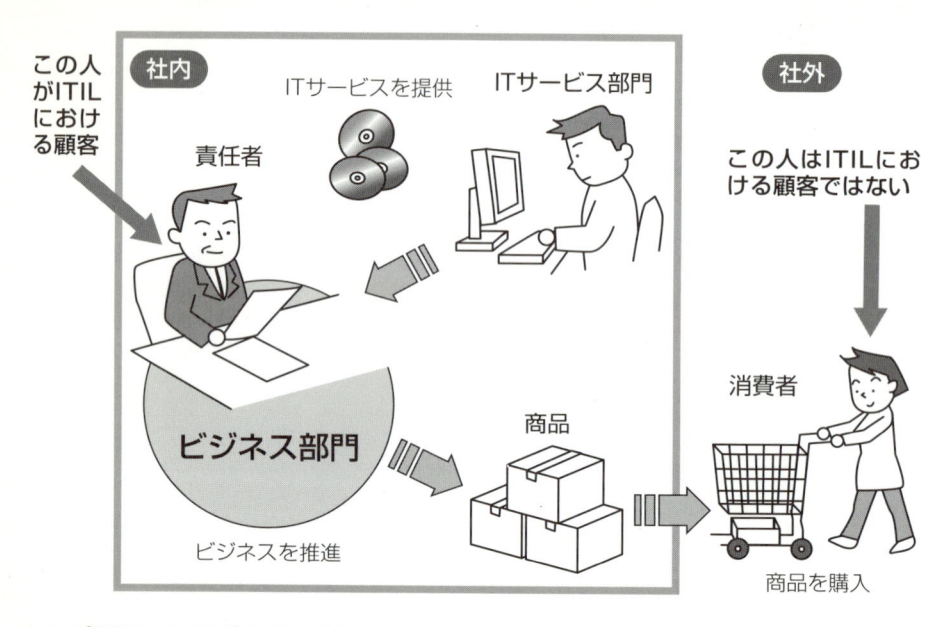

▼ ITILにおける顧客

【社内】
- この人がITILにおける顧客
- 責任者
- ITサービスを提供
- ITサービス部門
- ビジネス部門
- ビジネスを推進
- 商品

【社外】
- この人はITILにおける顧客ではない
- 消費者
- 商品を購入

▶▶ 直訳による分かりづらさ

　ITILは英語で記述されています。その日本語訳を読むと違和感を感じ，理解しにくい部分が少なくありません。これは「ITILの翻訳時には直訳すること」という制約が科せられたためです。

　例えば，ITILにおける「サービスプロバイダ」とは，顧客に対してIT運用のサービスを提供する部門のことを指しています。国内ではインターネットサービスプロバイダを指す言葉として使われることが多いため，「プロバイダ＝外部のIT企業または組織」と考えてしまいがちです。しかし，ITILにおけるプロバイダは意味が違うことを理解しておきましょう。

> **総括　ITILにおける顧客**
> ◎IT運用の費用を負担する部署の管理者がITILの顧客である！

疑問 1-6　ITILにおける「ユーザ」とは何ですか？

→ 提供されるITサービス，すなわちビジネスアプリケーションなどを利用して，会社の実務を行う人のことです。

▶▶ 顧客とユーザの考え方は違う

　前述のように，ITILは一企業内のビジネス部門とITサービス部門を想定しています。したがって，ITILにおけるユーザは**ITサービス部門が提供するITサービスを使う社員**，すなわち，ビジネスアプリケーションなどを使用して社内の業務を遂行している人々のことです。会社の商品やサービスを購入（利用）してくれる，外部企業や一般消費者ではありません。

　ここで重要なのは，**顧客とユーザを区別して考える**ということです。例えば顧客とユーザとでは，ITサービス部門に対する要求が異なるのが普通です。

　ユーザは「ITシステムの信頼性や可用性は100%にしてほしい」と考えます。自分用のパソコンを経費で購入する場合，できるだけハイスペックの機種を要求します。これは「業務の最適化」を優先して考えるためです。しかし顧客は「信頼性や可用性について，費用対効果を最大にしたい」と考えます。ユーザがハイスペックのパソコンを要求しても，コストパフォーマンスを優先して発注します。そこにあるのは「ビジネスの観点」です。

　このように，IT運用の効率や成長を考える場合，常に**そのビジネスニーズが顧客とユーザのどちらのものであるか**を意識する必要があります。

総括　ITILにおけるユーザ

◎ITサービス部門が提供するITサービスを利用する人がユーザである！
◎顧客とユーザの考え方の違いに注意するべきである！

疑問 1-7 ITサービスの「マネージャ」とは何をする人のことですか？

→ サービスサポートとサービスデリバリを構成する機能とプロセスにおける，責任者やリーダーのことです。

▶▶ ITサービスにおけるマネージャの役割

ITILの「サービスサポート」と「サービスデリバリ」では，1つの機能と10のプロセスを体系立てて解説しています。それらを効率よく実行するため責任者＝マネージャを決定し，そのリーダーシップのもとで遂行します。

> **確認　1つの機能と10のプロセス**
> ・1つの機能
> 　①サービスデスク
> ・10のプロセス
> 　①インシデント管理　②問題管理　③構成管理　④変更管理
> 　⑤リリース管理　⑥サービスレベル管理　⑦ITサービス財務管理
> 　⑧キャパシティ管理　⑨ITサービス継続性管理　⑩可用性管理

例えば，インシデント管理プロセスの責任者は「インシデントマネージャ」です。マネージャとして必要な資質と知識を持ち，職責を遂行できる技量が必用です。マネージャは管理職である必要はなく，一般職を任命することもできます。

ITILでは各マネージャに要求される資質や知識について解説しています。例えば「変更マネージャ」ならば，ビジネスの観点から変更のプロセスを管理する[注1-15]資質が求められます。これはCAB（変更管理諮問委員会）において，ビジネス部門のマネージャの意見をまとめる役という色合いが強いからです。したがって，変更マネージャが技術的／専門的な知識を活用することばかり考えると，変更管理プロセスが円滑に運営できなくなる恐れもあります。

▶▶ マネージャの兼任で考えるべきこと

ITサービス部門の人材が限られている場合は，1人で複数のマネージャ業を兼任せざるを得ません。その際は，各機能とプロセスの目的や役割を分析して，誰

がどれを兼任すべきかよく考える必要があります。

　典型的な例では，サービスデスクマネージャとインシデントマネージャの兼任があります。サービスデスクで実施される作業の半分はインシデント管理プロセスなので，一見すると効率がよさそうに思えます。しかし，もし重大なインシデントが発生したらどうなるでしょうか？

　インシデント発生時においてサービスデスクの最重要の役割は，ユーザや顧客[注1-16]とコミュニケーションを取り，ビジネスの復旧見通しなどの最新情報を伝えることです。一方，インシデント管理の任務は重大なインシデントの解決です。どのようにシステムを復旧させるか，有効なワークアラウンド（回避策）はないかを短時間で検討し，一刻も早く対応することです。

　このような状況下ではインシデントマネージャの職務で手一杯で，サービスデスクマネージャの職務をこなす余裕はないでしょう。つまり，サービスデスクマネージャとインシデントマネージャは兼任しない方がよい，ということです。ITILではこのような論点も分かりやすく整理されています。

▶▶ サービスレベルマネージャとエリアマネージャ

　サービスレベル管理において，**サービスレベルマネージャは別格**です。サービスレベルマネージャはIT運用のすべての機能とプロセスに対する責任を持ちます。顧客に対するSPOC[注1-17]として，ITサービスの全責任をエンドツーエンドで負わなければならないのです。

　顧客とITサービス部門で合意するSLAはサービスレベルマネージャが作成します。各マネージャを統括管理し，ビジネス要件に合ったITサービスの提供を実現するのもサービスレベルマネージャの仕事です。このため，サービスレベルマネージャはリーダーシップ，コミュニケーション性，寛容性，問題解決能力，ビジネス知識などの高い資質が求められます。

　ここでもう1つ，**エリアマネージャ**という考え方があります。プロセスごとのマネージャから見て，エリアマネージャは技術的な専門性を備えた責任者です。基幹系のシステムには，その一部分として機能する下位のシステムがあります。営業部門の受注システム，製造部門の製造システムなどがそれです。この各部門のシステムの責任者がエリアマネージャです。

▼ **サービスレベルマネージャとエリアマネージャの位置づけ**

サービスレベルマネージャB

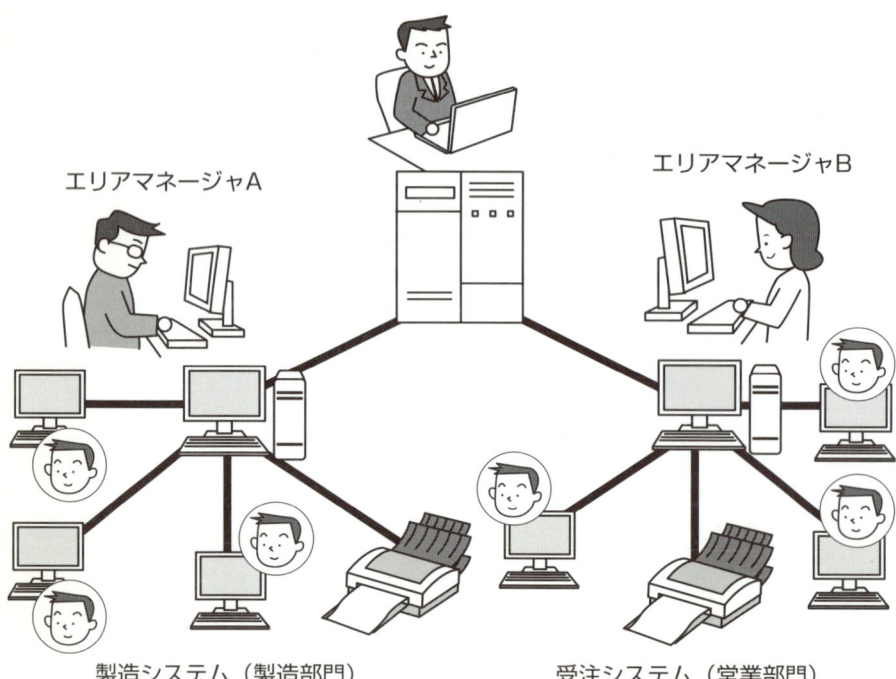

エリアマネージャA　　　　　　　　　　　　　　エリアマネージャB

製造システム（製造部門）　　　　　　受注システム（営業部門）

　インシデント管理でワークアラウンドを実施する場合のように，何らかの変更の前には各エリアマネージャの意見を聞き，それで問題がないか確認します。変更管理のプロセスでは，エリアマネージャの承認を得てから次のアクションへ進みます。これは変更に伴うインシデントの回避につながります。

> **総括　ITサービスのマネージャの役割**
> ◎ITサービスはマネージャのリーダーシップの元で遂行する！
> ◎サービスレベルマネージャはITサービス全体の責任者である！

・注1-7　PDCAサイクル
　　　Plan（計画）→Do（実行）→Check（評価）→Act（改善）のプロセスを順に実施して，最後の「改善」を新しい「計画」に結び付けるマネジメント手法。これ

により，継続的な業務改善活動ができる
- 注1-8 スモールステップ・クイックウィン
  「できる範囲の小さなことから始めて，よい結果を早く出す」という考え方
- 注1-9 CSIP
  Continuous Service Improvement Plan＝継続的な改善活動
- 注1-10 インシデント管理
  ITサービス品質を低下させる，またはその可能性があるすべてのイベントのこと。3章「インシデント管理」参照
- 注1-11 ワークアラウンド
  問題の根本的な解決を先送りにして，目前の緊急事態を回避するための一時的な対応策
- 注1-12 多くのアイデアが生まれる
  例えば「リンゴが熟すと引力に負けて落ちてしまうから，その前に収穫しよう」という改善案が考えられる
- 注1-13 コストセンター
  利益を直接生み出さず，費用だけが集計される部門。総務部や人事部などもコストセンターの1つである
- 注1-14 MRPシステム
  Material Requirements Planning＝部品表と在庫情報を元にして，発注すべき資源の量や発注時期を算出する生産管理手法。予想される需要を事前に捕らえることにより，在庫の余剰や不足を解消する
- 注1-15 変更のプロセスを管理する
  この「管理」の範囲はプログラムや機器の変更そのものではない
- 注1-16 あらゆるユーザや顧客
  ITILにおける社内ユーザ／社内顧客のことである点に注意
- 注1-17 SPOC
  Single Point Of Contact＝1つに集約した顧客からの問い合わせ窓口

第 **2** 章
サービスデスク

CHAPTER 2

サービスデスク ▷ **基礎解説編**

基礎 2-1 サービスデスクの目標

　サービスデスクはITサービスを享受する，またはITサービスを使用する顧客とユーザに対するSPOC，つまり**単一の窓口**としての機能を提供します。顧客やユーザからの問い合わせ，障害の連絡に対して一次対応を実施します。解決できない場合は，二次対応へ適切にエスカレーション[注2-1]するなどします。

　サービスデスクの目標をまとめると以下のようになります。サービスデスクの活動はあらかじめ合意したサービスレベル，ビジネス上の優先度の範囲内において実施されます。

▶▶ ユーザに対するSPOCとして機能する

　サービスデスクは顧客やユーザに対するSPOCであり，ユーザ―ITサービス間のインタフェースとして機能します。これは「サービスデスクはユーザからのコールに対してオーナーシップを持ち，インシデントが解決するまで責任を持って対応する」ということです。後述するように，サービスデスクで解決できないインシデントを二次対応へエスカレーションする場合でも，**ユーザからの問い合わせ先は変更しない**ようにします。

　なお，コールからインシデントの解決までを「チケットのオープンからクローズまで」と表現することもあります。

▶▶ ユーザのコールに対してアドバイスやガイダンスを提供する

　サービスデスクはユーザからの問い合わせや障害の連絡（コール）に対して，アドバイスや解決策を提供します。それによってビジネスに与えるインパクト[注2-2]を最小限にとどめ，ITサービスを円滑に回復させるようにします。

　サービスデスクが高い機能を提供するためには，サービスデスク要員に対するトレーニングが不可欠です。また，繰り返し発生する問い合わせやインシデントの回答／解決策など，すべての情報をデータベース化して，回答までに要する時間を短縮する必要があります。したがって，サービスデスクはナレッジデータベース[注2-3]の構築，インシデント管理や問題管理をサポートする情報の管理を主導することになります。

▶▶ すべてのコールに対して一次対応を実施する

　サービスデスクではすべてのコールに対して一次対応を実施します。これによって，他のITサービス要員は本来の業務に集中できるようになり，ITサービス部門全体の作業効率が向上します。
　一次解決率の目標値は85％程度に設定するべきとされています。一次解決率が高いということは，それだけユーザが抱える問題を早く解決できるということです。それはITサービスの可用性を向上させ，ユーザの満足度を上昇させることにつながります。
　サービスデスクでインシデントを解決できなかった場合，適切な知識を持つ二次サポートへの委任，すなわちエスカレーションを実施します。この時，ユーザからの問い合わせ先まで二次サポートに変更すると，ユーザから見た担当者が変わってしまいます。そこで再度コールの内容について説明したり，再び担当者が変更されるようなことがあれば，ITサービスに対するユーザの不満は高まります。このようなことを避けるため，サービスデスクがいったんコールを受けたらそれが解決されるまで，ユーザに対して責任を持って対応する必用があります。

基礎 2-2　サービスデスクの構造

　大きく分けて，サービスデスクには「ローカルサービスデスク」「セントラルサービスデスク」「バーチャルサービスデスク」の3つがあります。

▶▶ ローカルサービスデスク

　1個所に集中せず，本社や事業所などの拠点ごとに設置するサービスデスクです。構築が容易であること，国や地域に特化したビジネス・環境・制約（言語や法律など）にも対応しやすいという特徴があります。また，現地で直接ユーザに対応できることも利点です。
　一方，拠点ごとにサービスデスクを設置するため，リソース（設備や機材，サービスデスク要員など）を効率よく運用するのは困難です。

▼ ローカルサービスデスク

[図：ローカル・ユーザ3名 → サービスデスク（1次サポート） → 外部サポート／ネットワーク＆運用サポート／アプリケーション・サポート／デスクトップ・サポート]

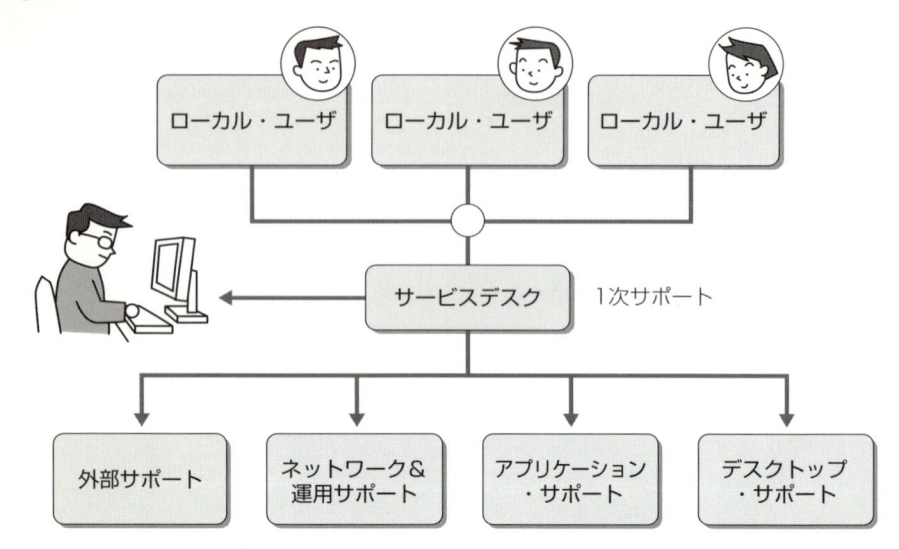

▶▶ セントラルサービスデスク（中央サービスデスク）

　本社や事業所などの複数の拠点に対してサービスを提供する，1個所に集中したサービスデスクです。ローカルサービスデスクと比較して，設備や機材，サービスデスク要員を効率よく運用できます。サービスデスク要員が1個所に集中するためコミュニケーションが活発になり，サービスデスク全体のスキル向上につながります。また，運用管理ツールを一元管理しやすくなるため，ナレッジデータベースの構築と管理が容易になります。

　その反面，サービスデスクが1個所に集中することによって，国や地域の違いに特化した対応が難しくなります。また，サービスデスクに属するリソースが単一障害点になる可能性もあります。サービスデスク要員を1個所に集中させるための設備，機材を準備するための一時的費用も発生します。もちろん，転勤が必要になる要員もいるでしょう。

▼ セントラルサービスデスク

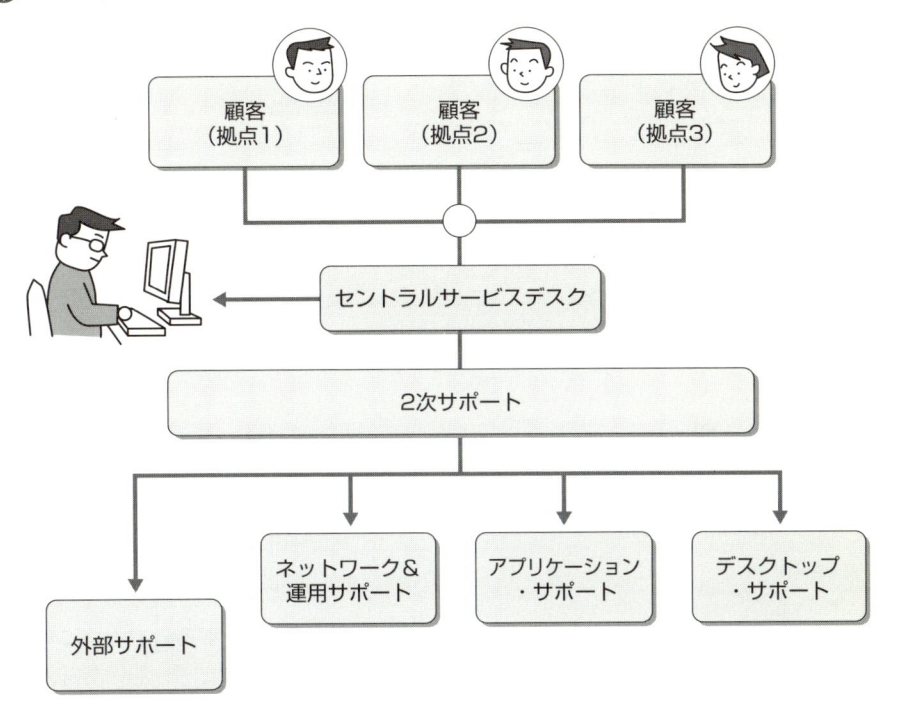

```
顧客(拠点1)  顧客(拠点2)  顧客(拠点3)
        ↓
   セントラルサービスデスク
        ↓
      2次サポート
   ↓    ↓        ↓        ↓
外部  ネットワーク&  アプリケーション  デスクトップ
サポート 運用サポート   ・サポート      ・サポート
```

▶▶ バーチャルサービスデスク

　各地に点在するサービスデスク要員や専門知識のある要員が"1個所に集中しているかのように"設置するサービスデスクです。見かけ上はセントラルサービスデスクと同じになるため，各拠点に点在するリソースを効率よく活用でき，情報やナレッジの共有も容易です。これによって，人件費が安い国や地域の人材を活用するなど，グローバルなスケールメリットを期待できます。各サービスデスクの時差を利用すれば，深夜勤務なしで24時間サポートを実現することも可能です。

　一方，バーチャルサービスデスクの機能を実現するには最新のテクノロジ，ネットワーク，運用管理ツールなどの整備が不可欠です。また，ITサービスと運用プロセスの標準化も必要になります。

▼ バーチャルサービスデスク

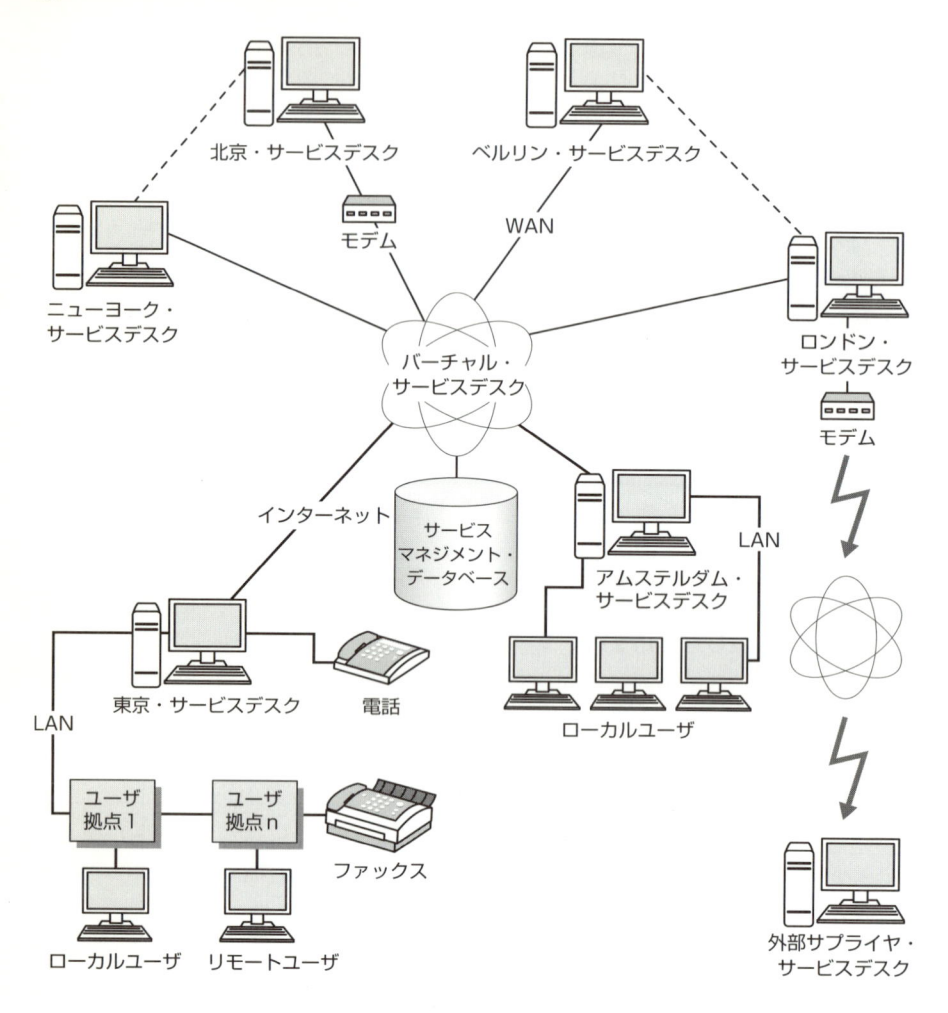

基礎 2-3 ユーザからの問い合わせ窓口の形態

　サービスデスクはユーザからITサービス部門に対する，単一の問い合わせ窓口です。サービスデスクはITサービスマネジメントに適していますが，ユーザからの問い合わせ窓口には，サービスデスクを含めて3つの形態があります。

▶▶ コールセンター

コールセンターは通信販売サービスの「お客様窓口」のような形態で、消費者からの大量のコール（問い合わせ）を一気に単純処理するのに向きます。ITILにおけるコールセンターはユーザからのコールがあった際、それを**技術的なスキルが高い要員へと機械的に転送する**ことを目的とします。このため、コールセンターはインシデントを解決する能力をほとんど有しません。

▶▶ ヘルプデスク

ユーザからのコールがあった場合、ヘルプデスクは**可能な限りその時点で解決するよう**試みます。ヘルプデスクはナレッジデータベースや構成管理情報を扱える立場にあり、頻繁に発生する同様のインシデントに対応する高いスキルを持ちます。ヘルプデスクで解決できなかったインシデントは、専門知識を持ったリソース（要員）へとエスカレーションされます。

▶▶ サービスデスク

サービスデスクはヘルプデスクの機能をさらに拡大し、ビジネスの観点から顧客の満足度を意識した運用を行います。コールへの対応、サービス変更要求、IT機器のメンテナンスに関連する問い合わせ、ソフトウェアライセンスの取り扱いなど、ユーザからの要求と質問に幅広く対応します。また、サービスデスクは**受け付けたコールに対して最後まで責任を持ちます**。サービスデスクでは解決できず、専門知識を持つリソースへエスカレーションした場合でも、そのインシデントが解決されるまではユーザに対する責任を持って対応します。

基礎 2-4 サービスデスクの活動

ITILでは、ITサービスマネジメントのベストプラクティスは「サービスデスクの機能を整備すること」としています。その一方でコールセンター、ヘルプデスク、サービスデスクのどの機能を使うか、または組み合わせるべきかは、ビジネスの業態、会社の役割、組織構造、ITの状況などの条件によって選択されるべきだとしています。

例えばオフショアを実現するために、問い合わせ先を海外に移転することにな

ったとします。スタッフを現地採用するとなると，最初から日本語で対応できるITサービス部門を設置するのは困難です。このような場合，最初はコールセンターとしてスタートさせて，計画的にサービスデスクへと発展させていく運用を考える必用があるかもしれません。

あるいは，最初からコールセンターを構築することを決めて，人件費を節約するという考え方もあります。この場合はユーザの満足度が低下する可能性がありますが，会社全体としてコスト削減が叫ばれている状況であれば，そちらを優先するべきでしょう。

▼ インシデント登録の入力

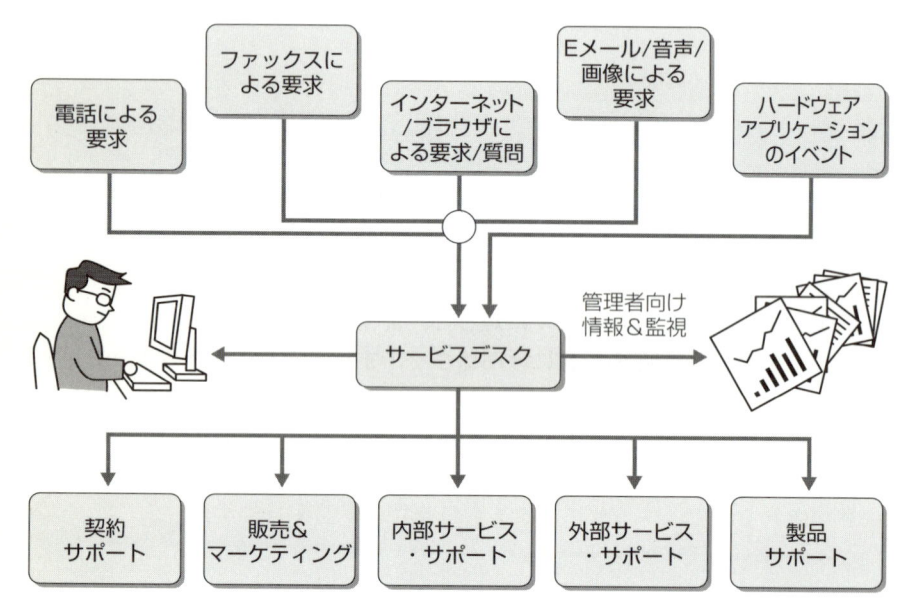

コールセンターやヘルプデスクと比較して，サービスデスクはより高い機能を備えており，コールに対する責任も重くなっています。サービスデスクの主な活動をまとめると，以下のようになります。

▶▶ 要員の割り当てと教育

サービスデスクでは一次対応時のインシデント解決能力のほか，高いコミュニケーション能力が要求されます。ITサービスに不満を持つユーザからの苦情を受けることもあるため，技術的なスキルだけでなく，対人コミュニケーションのスキルを向上させるための教育も必用です。

▶▶ コールの受付と記録

　すべてのコールの情報を記録します。提供した解決策やワークアラウンドの内容，ユーザからのフィードバックなどの情報もすべて記録します。

▶▶ 顧客満足度の調査

　ITサービスに対するユーザと顧客の満足度について定期的に調査します。調査の対象とするサービス／ユーザや顧客を選定して，設問の作成，調査の実施，回収したデータの分析などを行います。これによって，ITサービスを日々向上させる上で，高い費用対効果を得るために必要な情報を集積します。

▶▶ コールの一次対応とエスカレーション

　コールに対して一次対応を実施し，解決策やワークアラウンドを提供します。この作業は実質的にインシデント管理のプロセスとして実行されるものです。サービスデスクの作業の約50〜70%はインシデント管理だといわれます。

▶▶ 対応の進捗管理

　サービスデスクで受けたコールに対して，責任を持って解決までの進捗を管理します。これは一次対応の内容には関係なく，また二次対応以降へエスカレーションされた場合でも同様です。

▶▶ 継続的かつ適切な顧客（ユーザ）へのアップデート

　顧客やユーザに対して，インシデントがどのように解決されようとしているか，いつごろ解決されそうかなどの状況をアップデートします。これによってビジネス部門での対応が適切に行われ，ビジネスへのインパクトを最小限にできます。

▶▶ 管理レポートの作成

　SLAで設定された優先順位に基づいた達成目標などが維持できたか，改善が必要な個所，および改善案などをレポートとして作成し，顧客とレビューして必要な改善を確認します。

基礎 2-5 サービスデスクのKPI

サービスデスクの活動を評価するためには，適切な指標が必用です。サービスデスクのKPI[注2-4]として，以下のような項目が考えられます。

①顧客満足度
②サービスデスクで解決されたコールの数，または一次解決率
③1回目の対応で解決できたコールの件数
④1コールの解決までに費やされた平均時間
⑤SLAで合意された目標を超えてしまったコールの数
⑥二次対応以降へエスカレーションされたコールの件数
⑦間違ったエスカレーション先へ転送されたコールの件数
⑧ユーザがサービスデスクにコンタクトするために費やした時間，または連絡の回数

　サービスデスクは顧客やユーザからの質問や要求を受け付ける部門なので，顧客満足度（①）は特に重要です。②や③の件数が多く，④の時間が短いほど，コールから解決までの時間が短縮されるので顧客満足度は高くなります。逆に⑥〜⑧の件数や時間が多い場合は，顧客満足度は低下します。⑤の「SLAで合意された目標を超えたコール」とは，例えば合意された時間内に対応できなかったコールが該当します。

- 注2-1　エスカレーション
  escalationは「段階的に拡大する」という意味だが，この場合は問題の解決を委任する（引き継がせる）ことを指す
- 注2-2　インパクト
  ビジネス上の悪影響のこと。例えば「受発注システムのトラブルで商品の受注が停止し，売り上げ目標を××万円下回った」など
- 注2-3　ナレッジデータベース
  インシデントの内容や解決策など，サービスデスクが対応したインシデントに関するあらゆる情報を蓄積したデータベース。構成管理データベース（CMDB）と一元化する場合もある
- 注2-4　KPI
  Key Performance Indicator＝重要業績評価指標。プロジェクトやプロセスの成果を評価するための調査項目

サービスデスク ▷ 一問一答編

疑問 2-1 「サービスプロバイダ」と「サービスサプライヤ」の間にはどんな関係がありますか？

→ サービスサプライヤはサービスプロバイダに対してITサービスを提供するIT組織です。社内組織だけでなく，外部ベンダーが該当することもあります。

▶▶ サービスプロバイダとサービスサプライヤの違い

　サービスプロバイダは**顧客やユーザに対してITサービスを提供するIT組織**です。例えば，顧客が「受発注システム」というビジネスアプリケーションを運用している場合，サービスプロバイダはその運用上の責任を有します。このため，サービスプロバイダは顧客との間にはSLAを整備し，SLAに基づいたITサービスを提供することになります。

　サービスサプライヤは**サービスプロバイダに対してITサービスを供給するIT組織**のことです。例えば，受発注システムの運営で必要なデータを別のIT組織が供給しているとします。この場合，受発注システムを提供するサービスプロバイダにとって，そのIT組織はサービスサプライヤになります[注2-5]。

　サービスプロバイダとサービスサプライヤとの間にはOLA[注2-6]を整備します。コンピュータ関連ベンダーなどの外部企業がサービスサプライヤになることもありますが，その場合は会社間の契約に基づくことになるのでUC[注2-7]を整備します。

▼ サービスプロバイダ，内部サービスサプライヤ，外部サービスサプライヤの相互関係

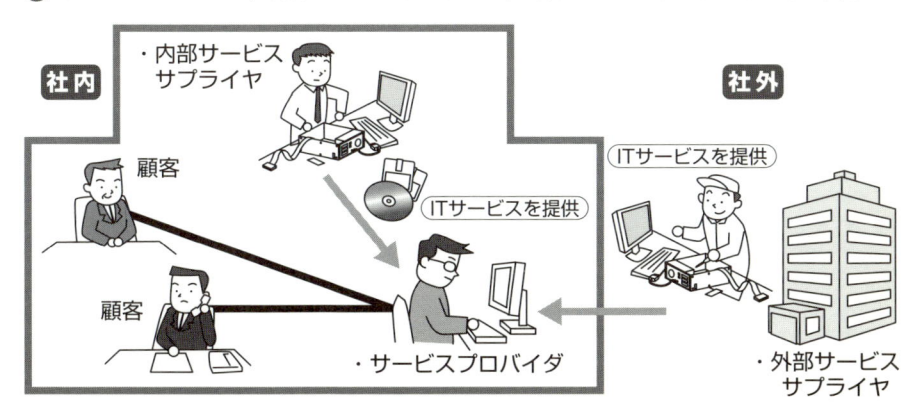

▶▶ なぜOLAとUCが必要なのか？

　サービスサプライヤから供給されるITサービスは，直接（または間接的に）ビジネス部門に提供されます。ここでサービスレベルマネージャの責任範囲について考えると，前述のOLAやUCが必要である理由が分かります。

　例えば，サービスレベルマネージャが受発注システムのITサービス運用上の責任者を務めているとします。サービスレベルマネージャと顧客[注2-8]との間でSLAが結ばれて，ITサービスについての合意がなされます。その際，サービスレベルマネージャは顧客に対して「受発注システムのITサービスに関する全責任」を負うべきです。

　もし，ネットワーク関係のインシデントが発生して，受発注システムがダウンしたらどうなるでしょうか？　この状況でサービスレベルマネージャが「私の責任範囲は受発注システムだけなので，ネットワークのトラブルについては，そちらの責任者に問い合わせてください」という対応をしたのでは話になりません。この場合はサービスレベルマネージャが全責任を持たないと，顧客からの信頼を得られないのです。

　しかし，サービスレベルマネージャは実質的に受発注システムについての責任しか持たないので，あらゆるインシデントに対応するのは困難です。そこで，内部サービスサプライヤとの間ではOLA，外部サービスサプライヤとの間ではUCを締結します。そのうえで顧客に対してITサービスを提供することによって，顧客と合意したSLAを有効確実にできるのです。

総括　サービスプロバイダとサービスサプライヤ

◎サービスプロバイダはビジネス部門の顧客に対してITサービスを提供する！
◎サービスサプライヤはサービスプロバイダに対してITサービスを提供する！
◎SLAを確実有効にするため，サービスサプライヤとOLAやUCを締結する！

疑問 2-2　「サービスデスク」とは何をする所ですか？

　ITサービスプロバイダの代表窓口のことです。顧客やユーザに対する，ITサービスの人的なインタフェースとしての役割があります。

▶▶ ITサービスにおけるサービスデスク

　ITサービス部門がITサービスを実施するにあたり，**ユーザからの問い合わせ窓口**としてサービスデスクを設置します。ITサービスにインシデントが発生した，ITサービスの改善を要求したい，ITサービスについて不明なことがあるなどの場合，ユーザはサービスデスクに問い合わせ（コール）をします。サービスデスクはビジネスの観点から，顧客満足度の向上を目的として運用されます。

　ユーザからの問い合わせ窓口には，サービスデスクを含めて3つの形態があります。

> **確認　3つの問い合わせ窓口**
> ・コールセンター　　・ヘルプデスク　　・サービスデスク

　コールセンターやヘルプデスクと比較して，サービスデスクの機能はより拡大されています。ユーザから受け付けたコールに対しては，サービスデスクでは解決できずに二次対応へエスカレーションされた場合であっても，ユーザからの問い合わせ窓口として対応し，インシデントが解決するまでの責任を持ち続けます。このため，サービスデスクの設置によって以下のようなメリットがあります。

- ITサービス部門として，顧客やユーザ要求の理解度が向上する
- 顧客やユーザの満足度が向上する
- 顧客やユーザの要求に対する，より迅速で高品質な対応が可能になる
- ビジネスインパクトを削減できる
- ビジネス部門とITサービス部門の双方の作業効率が向上する
- ビジネス部門とITサービス部門の良好な関係を構築し，それを維持できる

　ITILでは，コールセンターやヘルプデスクでITサービスマネジメントの確立を目指した場合であっても，必然的にサービスデスクの機能へと進化するのがベストプラクティスであると述べています。

▶▶ サービスデスクの役割

　サービスデスクでは，顧客やユーザからのコールに対する一次回答率（一次解決率）は85％を目指すべきとされています。このため，**サービスデスクの業務の約50～70％はインシデント管理のプロセス**だと言われます。

そのためには，サービスデスクにはIT運用管理ツールを使ったナレッジデータベースと構成管理データベース，そのほかITの専門知識を持つリソースとの連携を整備する必要があります。サービスデスク要員はそれらを使うスキルのほか，頻繁に発生する同様のコールに迅速に対応し，基本的なインシデントに適切に対応できるスキルが求められます。

また，サービスデスクには**ITサービス運用の可視化**[注2-9]という重要な役割があります。顧客やユーザからのコールはすべてサービスデスクに集約されるので，それらの情報をすべてナレッジデータベースに記録します。また，インシデントが解決するまでのユーザとのやり取り，専門家へエスカレーションして解決した場合の状況なども記録することによって，ITサービスの運用は可視化されます。これによってインシデントの傾向を分析できるようになり，問題管理におけるプロアクティブなアクション[注2-10]などが実現し，日々の改善活動が加速します。

総括　ITサービスにおけるサービスデスク

◎サービスデスクは顧客からの問い合わせ窓口として機能する！
◎顧客からの問い合わせに対して，インシデントが解決するまで責任を持つ！
◎ITサービス運用の可視化のため，サービスデスクの役割は重要である！

疑問 2-3　なぜサービスデスクは単一でなければならないのですか？

→ サービスデスクは単一でなくてもよいのですが，単一化するほうがメリットは大きいのです。

▶▶ **サービスデスクは単一でなくてもよい**

誤解されやすいことですが，「サービスデスクは単一にすること！」という決まりはありません。会社やITサービス部門の構造，条件などに応じて，サービスデスクの数を決めてもよいのです。1章でも説明したように，組織や地域ごとに設置するローカルサービスデスクはその例です。

> **確認** **3種類のサービスデスク**
> ・ローカルサービスデスク
> ・セントラルサービスデスク
> ・バーチャルサービスデスク

　サービスデスクをハードウェア，ソフトウェア，地域などで分けて設置すると，専門性の高さが生かされて問題の解決率が上がる可能性はあります。しかし，サービスごとに別々のサービスデスクを運用するため，リソースの効率化やプロセスの標準化などは実現できません。その結果，サービスデスクを利用する顧客やユーザの利便性が失われ，ITサービスに対する不満が生じる恐れもあります。つまり，通常は**サービスデスクを単一化したほうがメリットは大きい**のです。

▶▶ サービスデスクの単一化のメリット

　サービスデスクの単一化するには，セントラルサービスデスクまたはバーチャルサービスデスクの運用が必要です。サービスデスクを単一化するメリットには，以下のようなものがあります。

- サービスデスク要員が集約されるため，サービスデスク内のコミュニケーション性が向上する
- サービスデスクで共有すべきナレッジを集約しやすくなり，効率のよいナレッジデータベースを構築しやすくなる
- サービスデスク要員がお互いに代役を務めることが可能となり，リソースの効率化が実現しやすくなる
- 顧客やユーザからの連絡先[注2-11]を統一できる。ユーザはサービスごとの連絡先を調べる必要がなくなる
- サービスデスクの運用プロセスと手順を標準化して，効率化へつなげることができる
- 顧客やユーザが受けるサービスの内容が標準化される
- 各ITサービスの専門知識を持つリソースを本来のプロジェクトに集中させやすくなる
- IT運用管理ツールなどのソフトウェアの標準化や効率的な運用が可能になる

　ユーザの立場では，インシデント発生時には専門家[注2-12]と直接話ができるほう

が便利で，解決も早まるように思えます。しかし，会社全体の効率を考えた場合，専門知識を持つリソースがサポートに時間を割かれるのは問題です。本来引き受けていたプロジェクトがあった場合はその効率が低下して，スケジュールの遅れから要する工数が増えるなど，ビジネスに悪影響を与えてしまうからです。

このため，サービスデスクを単一化して，すべての問い合わせやインシデントの情報を集約したナレッジデータベースを構築する必要があるのです。そして，サービスデスクの機能を強化しながら一次解決率を向上させ，専門知識を持つリソースはなるべく本来の仕事に集中させます。最終的に，これは高品質のITサービスの提供へとつながります。

> **総括 サービスデスクの単一化**
> ◎サービスデスクは複数でもよいが，単一化したほうがメリットは大きい！
> ◎専門職がサポートに時間を割かれることがないようにする！

疑問 2-4 サービスデスクにはどんなスキルが必要ですか？

→ 技術的な知識だけでなく，顧客やユーザからの問い合わせに対応するため，対人関係のスキルが不可欠です。

▶▶ サービスデスクにはこの能力が必要

サービスデスクでは75～85%の一次回答率，ITサービス運用の可視化，顧客とユーザの満足度の向上などが求められます。このため，IT運用管理ツールを使ってナレッジデータベースを操作する**技術的な基礎知識**が必要です。

サービスデスクは顧客やユーザとのコミュニケーションの窓口です。電話やメールを通じて問い合わせに対応し，インシデントを解決する場面も少なくありません。そのためには，ビジネスを理解して顧客やユーザの立場で対応できる**対人スキル**が不可欠です。

サービスデスクに問い合わせてくる顧客やユーザは，すでに何らかの不満を抱えています。ここで論理立てられて建設的な話ができないと，サービスデスクに対して悪い印象を持ってしまうので注意しましょう。

▶▶ サービスデスクに求められるスキル

　ITサービスの運用において，サービスデスクは顧客やユーザに対する単一の窓口であり，顧客満足度を向上させるうえで重要な役割を持っています。このため，サービスデスク要員には以下のような対人スキルが求められます。これらのスキルを身につけるため，対人関係，電話での話し方・聞き方・マナー，ストレスを感じている相手への対応などのトレーニングを受けるのもよいでしょう。

○顧客やユーザの観点で物事を考える

　顧客やユーザがどんなことに困っているのか，相手と同じ立場で対応しなければなりません。そのためには「あなたが抱える問題は，サービスデスクの問題でもあります」という，**相手との一体感**を作り出す[注2-13]必要があります。

○どのように問題を解決へ導くか，論理立てて説明できる

　すべての顧客やユーザが「問題はすぐに解決される」と思っているわけではありません。問題はなるべく早く解決するのがベストですが，どのような手段で問題を解決するのか，それにはどんなプロセスが必要なのかを理解できれば，とりあえず納得してくれる場合も多いものです。顧客やユーザは問題の解決よりも，**論理立てた説明に対して信頼度を高める**のです。

○顧客やユーザが理解できる言葉で話をする

　ITサービス部門の人間が話をすると，技術的な言葉が先行しがちです。それではビジネス部門の人間は内容を理解できず，ストレスが高まります。ITの専門用語を少なくするなどして，**ビジネス部門の人間が理解できる話**をしましょう。

○ビジネスを理解できる

　ITだけでなく，**ビジネスそのものを理解する能力**がなければ，問題の重要性をビジネスの観点から理解できません。これでは顧客やユーザとの間に溝を作ってしまい，相互理解は難しくなります。その問題が与える可能性があるビジネスへのインパクトについて考えながら，相手と話ができなければならないのです。

○問題を明確に聞き出すため，積極的な聞き方ができる

　問題の詳細を積極的に聞き出すことは大切ですが，積極的になりすぎて一方的にしゃべる，相手を押さえつけるような話し方をする，相手が理解できない技術

的な話をする，という展開は御法度です．もちろん，消極的すぎては問題の詳細を聞き出せません．また，相手側がしゃべりすぎる，あるいは消極的で自分から話さないというケースも考えられるので，サービスデスクとして**バランスがとれた話をする**スキルが求められます．

> **総括 サービスデスクが磨くべきスキル**
> ◎サービスサポート要員は技術的な知識だけでなく，対人スキルを磨くこと！
> ◎対人スキルを磨くためのトレーニングを受けるべし！

- 注2-5 ……サービスサプライヤになります
  受発注システムが稼働するために不可欠なインフラを供給するIT組織や，ネットワーク運用を担当するIT組織もサービスサプライヤである
- 注2-6 OLA
  Operational Level Agreement。運用レベルアグリーメント
- 注2-7 UC
  Underpinning Contract。請負契約書
- 注2-8 ビジネス部門の顧客
  ビジネス部門の顧客は受発注ビジネスプロセスについての責任を持っている
- 注2-9 ITサービス運用の可視化
  ITサービス運用の可視化については疑問1-4「ITILを実践するにあたって大切な心構えは何ですか？」を参照
- 注2-10 プロアクティブなアクション
  インシデントの発生を予防するアクション。詳細は疑問4-1「問題管理は何をするプロセスですか？」を参照
- 注2-11 顧客やユーザからの連絡先
  サービスデスクへの電話番号やメールアドレスなど。サービスデスクが分散している場合，これらを複数用意しなければならない
- 注2-12 専門家
  ここではアプリケーションの開発やデータベースの設計の担当者
- 注2-13 相手との一体感を作り出す
  もちろん，これは容易なことではない。経験によって習得するしかないだろう

第3章 インシデント管理

CHAPTER 3

インシデント管理 ▶ 基礎解説編

基礎 3-1 インシデント管理の目標

　インシデント管理のプロセスでは，インシデントによって中断されたITサービスを一刻も早く復旧させて，ビジネスへの負のインパクトを最小限にする活動を行います。

- 中断したサービスをできるだけ速やかに回復させる
- ITサービス中断によって引き起こされるビジネスへのインパクトを最小限にする
- 可能な限りの品質と可用性を維持することによって，SLAで定義されたサービス目標を達成する

　インシデント管理のプロセスでは，以下のようなインプット（情報の入力）とアウトプット（サービスの提供）があります。

▼インシデント管理のプロセスからの主要なインプットとアウトプット

インプット	サービスデスクからのインシデント情報
	構成管理情報
	問題と既知のエラー[注3-1]の情報との照合結果
	解決に必要な分析調査情報
	詳細な解決策
アウトプット	インシデントを解決させるためのRFC[注3-2]
	ワークアラウンド
	インシデント管理進捗情報と顧客（ユーザ）へのコミュニケーション
	マネジメント向け管理情報レポート
	解決したインシデントのクローズ

　インシデント管理のもっとも重要な目的は，インシデントによって発生するビジネスへのインパクトを最小限にすることです。例えば，ITサービスを提供しているアプリケーションが何らかのバグが原因でハングアップしている場合，そのバグを取り除くのに時間がかかるのならば後回しにして，一時的な解決策（ワークアラウンド）を提供することを最優先するということです。

また，一刻も早くサービスの復旧またはワークアラウンドを提供するためには，インシデント管理プロセスの確立が必要です。もっとも効率的で効果的なプロセスを確立することによって，ビジネスへの悪影響を最小限にとどめ，MTTR（インシデントの平均修理時間）は短縮されます。最終的には可用性の向上につながります。

　ITILではインシデントを「サービスの標準の運用に属さず，サービス品質を阻害，あるいは低下させる／させる可能性があるイベント」と定義しています。つまり，ビジネス要件に見合ったサービス内容について，顧客とITサービス部門の間でSLAによる合意がなされていなければ，どんなイベントがインシデントなのかを明確にできないのです。ITサービスマネジメントの実践において，SLAが重要とされるのはこのためです。

基礎 3-2 インシデント管理の主な活動

　インシデント管理のプロセスでは，以下のような活動を行います。

▶▶ インシデントの検知と記録

　このプロセスはインプット，アクション，アウトプットの三段階に分けられます。まず，サービスデスクからのインシデントの情報や監視システムなどからのイベント情報を記録して，チケットをオープンします（インプット）。続いて，詳細なインシデント情報を収集して記録します。必要に応じて，二次対応や三次対応，技術的スペシャリストへあらかじめ連絡しておきます（アクション）。そして詳細なインシデント情報を更新して，CMDB[注3-3]上での問題を確認し，いつインシデントが解決されるかなどの情報を顧客へ連絡します（アウトプット）。

▶▶ 分類と初期サポート

　記録された詳細なインシデント情報，CMDBからの詳細な構成情報，問題や既知のエラー情報など，データベースとの照合結果をまとめて，ビジネスへのインパクトをもとに緊急度と優先度を分類します。同時に一次対応を実施して，早急な解決策を立案します。この時点で解決策またはワークアラウンドが見つかった場合は，RFCを作成して実施します。

▶▶ 調査と診断

更新されたインシデントの詳細情報，CMDBの詳細情報をもとにして，さらに必要な情報の収集と評価，調査，診断を実施して解決策／ワークアラウンドを導きます。必要ならば二次対応へエスカレーションして，専門知識を持った要員を活用します。ここで得られた解決策／ワークアラウンドは，仕様またはRFCとしてまとめます。

▶▶ 解決策と復旧

一次対応，または調査と診断から導き出した解決策やワークアラウンドを実施して，インシデントの解決を図ります。その結果を確認し，必要に応じてインシデントの詳細情報を更新します。その結果，将来発生する可能性があるインシデントへの対応策がある場合はRFCを作成します。

▶▶ インシデントのクローズ

解決策が実施されたら，ユーザや顧客に対して，インシデントが解決されたかどうかを確認します。解決したと確認できた場合は，最新のインシデント情報を記録した上でインシデントをクローズ（完結）します。

▶▶ インシデントのオーナーシップ・監視・追跡・コミュニケーション

サービスデスクではインシデントの発生から解決まで，オーナーシップを持って追跡し，顧客やユーザに対するコミュニケーションを行います。サービスデスクの一次対応では解決できず，二次対応へエスカレーションする場合も同様で，

▼ インシデントライフサイクル

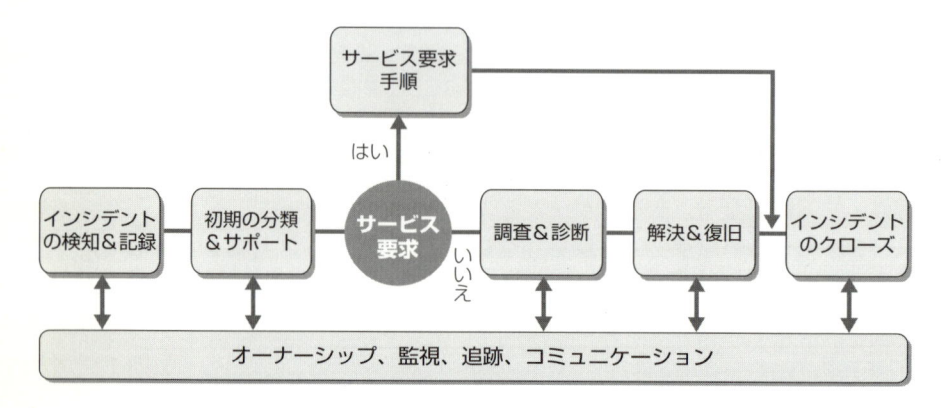

▼ 優先度コード化の仕組み例

		インパクト		
		高	中	低
緊急度	高	1	2	3
	中	2	3	4
	低	3	4	5

優先度コード	説明	目標解決時間
1	致命的	1時間
2	高	8時間
3	中	24時間
4	低	48時間
5	計画的に組み込み	計画に応じて

注意：優先度を決定する3番目の視点、すなわち予想作業量は、このモデルに組み入れていない。

専門職による対応の状況などを適時報告します。また，SLAの目標に関連するインシデント管理活動の有効性，インシデント管理活動を改善する必要性などを管理レポートにまとめます。

▶▶ 問題管理プロセスとの違い

後述するように，ITILにはインシデント管理に似た「問題管理」というプロセスがあります。問題管理では問題を完全に解決することを目標にします。**問題の解決を優先**するプロセスなので，時間をかけて根本原因を追及し，恒久的な解決策を策定します。

一方，インシデント管理の目標は一刻も早くサービスを復旧させること，またはビジネス活動を再開させることです。**時間を優先**するプロセスなので，インシデントの根本原因を解決する目処が立たない場合などは，ITサービスを使わないマニュアル作業なども含めたワークアラウンドで対応します。ここが問題管理と比べた大きな違いです。

▶▶ 運用管理ツールの整備

インシデント管理のプロセスを効果的に実行するためには，CMDBを含む運用管理ツールの整備が必須です。ITサービスの構成情報，過去に発生したインシデ

ントとその解決策，未解決の問題，既知のエラーの情報などがデータベース化されて，有効に活用される必用があります。

インシデント管理のプロセスで記録されたすべての情報がデータベース化されると，ITサービス運用が可視化されます。可視化されたデータベースはサービスデスクやインシデント管理だけでなく，問題管理，変更管理，リリース管理，可用性管理などすべてのプロセスで活用され，ITサービスマネジメントの中心を成すことになります。また，SLAを作成する上で，データベースから出力される情報は目標値として計測されることになります。

基礎 3-3 インシデント管理のKPI

インシデント管理のプロセスを評価するためのKPIとして，以下のような項目が考えられます。

①一次対応で解決されるインシデントの割合
②エスカレーションされずに解決されるコールの平均時間（効果的な一次解決）
③間違った専門スタッフへ割り振られたコールの割合
④優先順位に基づいた目標時間以内に解決されたインシデントの割合
⑤二次対応へのエスカレーションに要した時間（二次対応が実際に対応を開始するまでの時間）
⑥インシデントが解決されるまでの平均時間
⑦顧客やユーザが直接，二次対応以降への問い合わせをした件数
⑧インシデントではなくサービス要求だった割合
⑨インシデント管理プロセスの顧客満足度

前述のように，サービスデスクはいったん受け付けたコールに対して，インシデントが解決するまで責任を持ち，ユーザの問い合わせ窓口として機能します。このため，⑦のように顧客やユーザが二次対応に対して直接問い合わせをした場合，インシデント管理のプロセスも十分に機能していないことになります。

- 注3-1 RFC
  Request For Change＝変更要求。ITサービスに関する変更を要求するための文書。5章「変更管理」参照
- 注3-2 既知のエラー
  根本原因が突き止められた問題。疑問4-3「エラーコントロールとは何をすることですか？」参照
- 注3-3 CMDB
  Configuration Management Data Base＝構成管理データベース。7章「構成管理」参照

インシデント管理 ▷ 一問一答編

疑問 3-1 「インシデント」とは何ですか？

> ITサービス品質を低下させる，またはその可能性があるすべてのイベントのことです。インシデントを放置するとビジネスに悪影響を及ぼします。

▶▶ インシデントとそうでないもの

インシデントはITサービス品質を阻害または低下させる，あるいはその可能性があるすべてのイベントのことです。本来はサービスレベルの内容をSLAで明確にしておくべきですが，そうでない場合でも，顧客やユーザが「享受できるのは当たり前」と考えているITサービスを提供できない事態になったら，それはインシデントが発生したということです。

インシデントの発生はインシデント管理プロセスによって検知[注3-4]され，直ちに記録されます。インシデントを放置するとビジネスに悪影響を与えます。インシデントを検知したら早急に詳細な情報[注3-5]を収集し，ビジネスへの悪影響を最小限にするためのアクションをとる必要があります。

なお，以下のようなものはインシデントではなく，サービス要求またはサービス変更として処理されます。

- 新たなサービスの依頼
- ITサービスやシステムの機能，使い方などに対する問い合わせ
- パスワードのリセットの要求

これらはインシデントではありませんが，インシデントと同様に対応する場合があります。したがって，サービスデスクが受ける電話の数を集計する場合，それがインシデントとサービス要求／サービス変更のどちらに関係するかを区別せず，すべて一緒に扱うこともあります。

▶▶ インシデントと問題はどう違うのか？

インシデント管理について考える際，「問題」と「インシデント」の違いにつ

いて疑問を感じることがあります。もちろん両者は別物であり，区別して扱うべきものです。

前述のように，インシデントは何らかの原因によってITサービスを提供できなくなり，そのままではビジネスに対して悪影響を与えてしまう状態のことです。ハードウェアやソフトウェアのほか，ITサービスに関係するすべての要素がインシデントの原因となり得ます。

一方，問題とは**インシデントを引き起こす根本原因**のことです。例えば，「ビジネスアプリケーションの応答が極端に遅くなる」というトラブルが発生したとします。このトラブル自体はインシデントです。このインシデントは「ビジネスアプリケーションを再起動する」というアクションで解決できる可能性があります。

しかし，このインシデントの裏には「ビジネスアプリケーションの反応を遅くした根本原因」が潜んでいるはずです。それに対する恒常的な解決策を実施しない限り，同じインシデント（＝ビジネスアプリケーションの反応が遅くなる）が再発する可能性があります。この「根本原因」こそが「問題」なのです。

インシデントはそのまま放置するとビジネスに悪影響が出るため，タイムリーな対応[注3-6]が重要です。一方の問題については，インシデントの根本原因を突き止めること，将来に向けた予防と対策が重要であるため，その解決には時間と予算が必用になる場合もあります。あるいは，ビジネス部門のユーザに対して継続的なトレーニングを実施することが，根本原因の排除につながる場合もあります。このように，インシデントと問題では対応が違うのです。

総括　インシデントとは？
◎インシデントはITサービスを阻害するすべてのイベントのことである！
◎インシデントと問題の関係，対応の違いを認識する！

疑問 3-2　インシデント管理は何をするプロセスですか？

→ インシデントの発生時にできるだけ早くサービスを回復させて，ビジネスへのインパクトをなるべく小さくします。

▶▶ インシデント管理の最終目的

インシデントはSLAで合意したサービスレベルを維持できなくなるイベントのことです。インシデント管理とは，インシデントの発生時にできるだけ早くサービスを回復させて，**ビジネスへの悪影響をなるべく小さくする**活動のことです。インシデント管理の最終目的をまとめると，以下のようになります。

> **確認　インシデント管理の最終目的**
> インシデントの発生時，可能な限り迅速に通常のサービス運用を回復させる。それによってビジネスへの悪影響を最小限に止めて，提供可能な最高のサービスレベルを維持する。

ここで重要なのは，インシデント管理の最終目的は**根本原因の解決**[注3-7]**だけとは限らない**という点です。

前述のように，インシデントの発生時には早急にサービスを回復させる必要があります。そのための最善策がインシデントの根本原因の解決である場合は，すぐにそれを実施するべきです。

しかし，インシデントの根本原因の解決までに時間を要するのであれば，早急なサービスの回復はできません。この場合はワークアラウンド[注3-8]を策定して，とりあえずビジネス活動を復旧[注3-9]させることを優先し，根本原因の解決は先送りにするべきです。つまり，「オープンされたチケットがいったんクローズされて，問題管理へと送られる」ということになります。

▶▶ インシデント管理の流れ

インシデントが検知されると必要な情報とともに記録され，**緊急度と優先度**の分類，初期サポートなどが行われます。分類された緊急度と優先度に基づいてインシデントの調査・診断が実施され，解決策またはワークアラウンドへと移行します。「パスワードのリセット」などで解決できるケースでは，インシデントではなくサービス要求として処理されることもあります。

インシデント管理において，緊急度と優先度の考え方を理解することは重要です。一般的な受発注システムを例に考えてみましょう。

ケース①　優先度は高いが緊急度が低いインシデント

毎月15日に社外の顧客へ請求書を送る必要がある。この受発注システムで月初めにインシデントが発生し，そのままでは15日に処理するはずの「1億円分の請求書の送付」ができなくなる。しかし，12日までにシステムが復旧すれば，15日の請求に間に合うことが判明した。

　ケース①は全社的な規模であり，インシデントがビジネスに与える悪影響は大きいでしょう（金額が大きいですからね）。また，インシデントの解決に必要な工数は多いと予想されるため，インシデント管理における優先度も高いと言えます。しかし，日数的に余裕があるので緊急度は低く，必ずしもインシデントが発生したその日のうちに復旧させなくてよいと考えられます。

ケース②　優先度は低いが緊急度は高いインシデント

社内のある部署の売り上げ管理伝票が出力できなくなった。このため，その部署の作業効率が著しく低下した。

　ケース②は全社規模ではなく，一部署で発生したインシデントです。このためビジネスに与える悪影響はケース①に比べて小さく，インシデント管理における優先度は低いと考えられます。しかし，作業効率の低下を招いているので緊急度は高く，直ちに復旧のためのアクションを実施するべきです。

▼緊急度と優先度のどちらを取るか？

▶▶ サービスデスクの役割は重要

　インシデント管理のプロセスにおいて，サービスデスクの役割は重要です。サービスデスクは顧客やユーザに対するSPOC（1つの窓口）として機能し，状況を説明するなど，顧客やユーザとのコミュニケーションをタイムリーに遂行する必用があります。それによってビジネスへの悪影響を最小限にして，顧客やユーザの満足度を向上させるのです。

　検知されるインシデントの多くは，サービスデスクを通じて顧客やユーザから連絡されたものです。これに対して，サービスデスクは一次回答率を75〜85％にすることを目指して活動します。インシデント管理におけるサービスデスクの役割については，疑問2-4「サービスデスクにはどんなスキルが必要ですか？」を参照してください。

総括　インシデント管理はここが重要
◎根本原因の解決ではなく，ビジネスへの悪影響を最小限にすることが最優先である！
◎緊急度と優先度という考え方を理解する！
◎サービスデスクの役割が重要である！

・注3-4　インシデント管理プロセスによって検知
　　　　　監視システムによる自動検知，ITサービス監視員による検知，顧客やユーザからの連絡による検知などが考えられる
・注3-5　詳細な情報
　　　　　例えばインシデントの発生状況，ナレッジデータベースやコンフィギュレーションマネジメントデータベース（CMDB）からの情報などである
・注3-6　タイムリーな対応
　　　　　早急な対応は必要だが，クリティカル，メジャー，マイナーなどの緊急度や優先度に基づかなければならない
・注3-7　インシデントの根本的な解決
　　　　　ここでは「インシデントの根本原因を突き止めて復旧すること」を意味している
・注3-8　ワークアラウンド
　　　　　緊急時の一次対策。疑問1-3「『ITILは目新しいものではない』とはどういう意味ですか？」を参照
・注3-9　ビジネス活動の復旧
　　　　　この場合は"とにかく"ビジネス活動を再開させることが目的なので，100％の復旧になるとは限らない

第4章
問題管理

CHAPTER 4

問題管理 ▷ 基礎解説編

基礎 4-1　問題管理の目標

　問題管理のプロセスではインシデントの根本原因（エラー）を突き止めて，恒久的な解決策を提供します。また，将来インシデントを発生させる可能性があるエラーを突き止めて解決策を提供し，インシデントの発生をプロアクティブに予防します。

・インシデントの根本原因を突き止めて解決する
・根本原因によって発生するインシデントや問題による，ビジネスへのインパクトを最小限におさえる
・根本原因によって発生するインシデント，または現在潜んでいる根本原因によって将来発生する可能性があるインシデントをプロアクティブに予防する

　問題管理のプロセスでは，下表のようなインプットとアウトプットがあります。
▼問題管理のプロセスの主要なインプットとアウトプット

主要なインプット	インシデントの詳細情報
	ITサービスの詳細構成情報（CMDB）
	策定された，または適用されたワークアラウンド
主要なアウトプット	既知のエラー
	RFC（解決策としての変更要求）
	ワークアラウンドまたは解決策を含む更新された問題レコード
	インシデント管理へのフィードバック情報
	マネジメントレポート

　問題管理の目標はインシデントの根本原因を突き止め，恒久的な解決策を提供して，インシデントの再発を完全に防ぐことです。そのためには，相応の時間を要する場合もあります（もちろん，根本原因を早急に解決することは重要なポイントですが）。時間を優先するインシデント解決と比べて，この点が異なります。
　例えば，「サーバの不都合」というインシデントがハードウェアの再起動によって回復したとします。その結果ITサービスが復旧し，ビジネスへのインパクトを回避できたならば，この方法は有効なワークアラウンドです。しかし，不具合

が発生した原因は放置されたままなので，将来同じインシデントが発生するかもしれません。そこでインシデント管理とは切り分けて，根本原因を突き止めて完全な解決策を策定するのが問題管理のプロセスなのです。

基礎 4-2 問題管理の活動①──問題コントロール

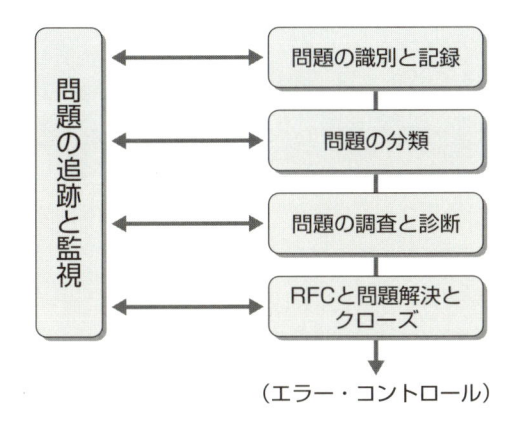

問題コントロールの「問題」とは，インシデントを引き起こす未知の根本原因と定義されています。問題コントロールでは，インシデント（将来発生する可能性があるインシデントも含む）の根本原因を識別（解明）します。根本原因だと識別された問題は**既知のエラー**となり，エラーコントロールへ送られます。

問題コントロールでは以下の活動を実施します。

▼ 問題コントロール

```
                    ┌─────────────────┐
        ┌──────────→│  問題の識別と記録  │
        │           └─────────────────┘
   問   │           ┌─────────────────┐
   題   ├──────────→│    問題の分類    │
   の   │           └─────────────────┘
   追   │           ┌─────────────────┐
   跡   ├──────────→│  問題の調査と診断  │
   と   │           └─────────────────┘
   監   │           ┌─────────────────┐
   視   └──────────→│ RFCと問題解決と  │
                    │    クローズ      │
                    └─────────────────┘
                            ↓
                    （エラー・コントロール）
```

▶▶ 問題の識別と記録

以下の観点で問題を識別し，問題レコードとして記録します。

- 既存の問題や既知のエラーと，その処理プロセスが適合しなかった場合
- インシデントデータの分析から，インシデントの再発が明らかな場合
- キャパシティ管理，可用性管理など，他のプロセスからインシデントにつながる可能性のある問題が見つかった場合
- 体系的な問題管理プロセスを必要としなければ解決できない重大なインシデ

ントが発生した場合

▶▶ 問題の分類

識別された問題をカテゴリ，ビジネスへのインパクト，緊急度，優先度などによって分類します。

▶▶ 問題の調査と診断

専門知識を持つ要員を動員して，根本原因の調査と診断を実施します。根本原因を発見したら，既知のエラーとしてエラーコントロールに引き継がれます。

基礎 4-3 問題管理の活動② ― エラーコントロール

エラーコントロールでは，問題コントロールで根本原因として識別した既知のエラーの解決策を策定します。その際，変更[注4-1]が必要な場合はRFCを作成します。変更とリリースが実施されて本番環境に実装されたら，その結果を確認して，エラーをクローズします。エラーコントロールには以下の活動があります。

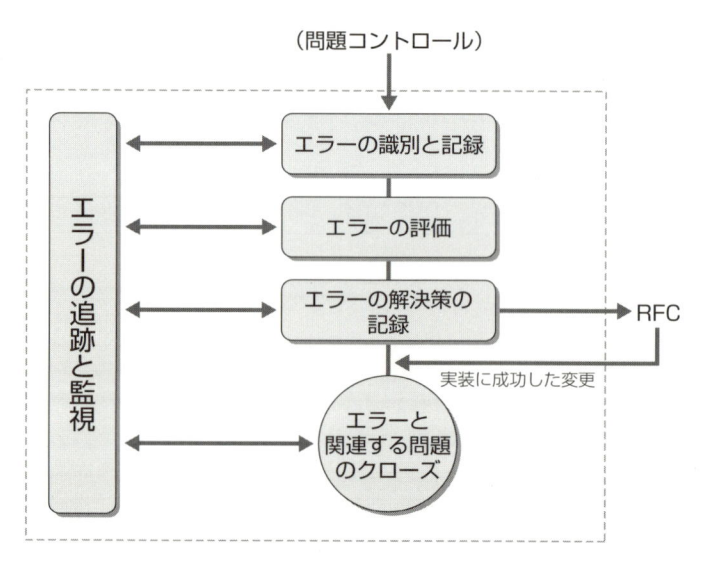

▼ エラーコントロール

```
                    (問題コントロール)
                           │
                           ▼
     ┌──────┐  ←→  ┌──────────────┐
     │      │      │ エラーの識別と記録 │
     │ エ   │      └──────────────┘
     │ ラ   │  ←→  ┌──────────────┐
     │ ー   │      │  エラーの評価    │
     │ の   │      └──────────────┘
     │ 追   │  ←→  ┌──────────────┐
     │ 跡   │      │ エラーの解決策の │ ──→ RFC
     │ と   │      │    記録        │
     │ 監   │      └──────────────┘
     │ 視   │           ↑ 実装に成功した変更
     │      │  ←→  ┌──────────────┐
     │      │      │ エラーと関連する │
     │      │      │ 問題のクローズ   │
     └──────┘      └──────────────┘
```

▶▶ エラーの識別と記録

既知のエラーとして識別されたら記録（レコード）されます。

▶▶ エラーの評価（解決策の調査，RFCの提起）

専門知識を持つ要員と協力してエラーの評価と調査診断を実施し，恒久的な解決策を策定します。解決策が変更を伴う場合は，同時にRFCを作成します。

▶▶ エラーの解決策の記録

既知のエラーに対する解決策は問題管理データベース（ナレッジデータベースまたはCMDB）に記録します。

▶▶ エラーのクローズ

既知のエラーの解決策が実装され（変更を伴う場合は変更管理やリリース管理を通じて），正しく解決されたなら，エラーに関するすべてのレコードはクローズされます。

▶▶ 問題とエラーの解決状況の監視

RFCによって変更管理へ受け継がれたエラー解決のための活動など，他のプロセスによる活動は問題管理によって監視され，ITサービスへの影響を最小限にとどめ，SLA違反などが発生しないように管理されます。

▶▶ インシデント管理とどこが違うか？

問題コントロールとエラーコントロールは，ともにインシデントの根本原因を解析し，識別して再発を防ぐという目的があります。このため，インシデント管理と比べてより深く，詳細かつ慎重に管理された活動が求められます。また，問題の内容によっては二次対応，三次対応にエスカレーションする場合もありますが，必用とする要員や情報はインシデント管理のプロセスと比べて大差ないといえます。

問題管理のプロセスで策定される解決策は，ソフトウェアやハードウェア上の対策だけとは限りません。例えば，ITサービスを使うユーザの知識が不十分なことが根本原因の場合もあります。このケースの解決策は「ユーザに対するトレーニングの実施」です。

また，解決策に要する費用が高すぎたり，現状のサービスを長時間停止させる

必要が生じたりする場合もあります。そのようなケースでは，解決策を実施せずに問題をクローズすることもあります。

基礎 4-4　問題管理の活動③——問題のプロアクティブな予防

　問題コントロールとエラーコントロールは，発生したインシデントの根本原因を解決するリアクティブ（受け身）なアクションです。一方，過去に発生したインシデントの情報をトレンド分析（傾向分析）したり，外部製品ベンダーが提供する問題管理データベースを利用することによって，今後何らかのインシデントを発生させる可能性がある根本原因をあらかじめ特定し，未然に防ぐことがきます。これがプロアクティブ（積極的）なアクションです。

　プロアクティブな活動によってサービスデスクへのコール数は減り，リアクティブなアクションも減少します。節約した時間をさらにプロアクティブな活動へシフトさせれば，コール数とリアクティブなアクションはさらに減少させることができます。最終的には，それをビジネスへ貢献するための活動に発展させて，ITサービス運用組織としての成熟度を高めることにつなげます。

　プロアクティブな活動は，ITILの全プロセスに共通して重要です。問題管理のプロセスにおいては，プロアクティブな活動に取り組むべきといえます。

基礎 4-5　問題管理の活動④——重大な問題の完了後のレビュー

　重大な問題が解決した場合には，それに関係したビジネス部門とITサービス部門双方の要員を招集してレビューミーティングを実施し，その後のCSIPにつなげます。レビューでは以下のことが確認されます。

- ・正しく行われたこと
- ・間違って行われたこと
- ・次回に改善できること
- ・問題の再発を防止する方法

基礎 4-6 問題管理のKPI

問題管理のプロセスを評価するためのKPIとして、以下のような項目が考えられます。

①解決された問題の件数
②既知のエラーとの照合により、登録された解決策の適用で解決されたインシデントの件数
③インシデントの発生件数
④ITサービスのダウンタイム
⑤問題管理から提出されて、よい結果を出したRFCの件数
⑥未クローズのままの問題の平均数
⑦問題が解決されるまでの平均時間
⑧目標時間内に解決できなかった問題の件数
⑨ユーザのトレーニングなど、ITテクノロジに関連しないで解決された問題の件数
⑩問題解決に必要としたコスト

問題管理のプロセスが十分に機能することは、インシデントの予防につながります。つまり、③や④の数値が少なければ、それは問題管理のプロセスが機能していることになります。⑤は「プロアクティブな活動の計測」と言い換えることもできます。

問題管理のプロセスを効率的かつ効果的に実行するためには、ナレッジデータベースとCMDBの情報が不可欠です。情報の正確性を高めるなど、価値のあるデータベースとして構築していく必用があります。

・注4-1 変更
　変更管理のプロセスによって、ITサービスの内容を変えること。RFCはそのための要求書のこと。5章「変更管理」参照

問題管理 ▷ 一問一答編

疑問 4-1　問題管理は何をするプロセスですか？

→ インシデントを発生させた，または発生させる可能性がある根本原因を突き止めて，その解決策を提供し，ビジネスへの悪影響を最小にすることです。

▶▶ 問題管理～机上の書類の場合

　問題管理について考える前に，ITILにおける問題とは何であるかを確認しておきましょう。ITILでは以下のものを「問題」と呼びます。

> **確認　ITILにおける問題とは？**
> ・インシデントを発生させる可能性がある未知の原因
> ・新たなインシデントを引き起こす原因となり得る要因

　日常的な例で，「机の上に置いたはずの重要書類が見つからない」というインシデントが発生したとします。当然，机の上をかき分けて書類を探すハメになります。これに懲りたあなたは，「大切な書類は決められた引き出しに保管する」という改善策を実施することにしました。はたして，これでインシデントは解決するでしょうか？

　実は，この改善策だけでは不十分です。「重要な書類が行方不明になる」というインシデントは防止できますが，それとは別に「当初は重要ではなかったけれど，その後に必要になった書類が見つからない」というインシデントが発生する可能性があるのです。

　そこで根本原因を追究します。さまざまな観点から検討した結果，「机の上を整理整頓する」という改善策が導き出されます。不要なものは捨てて[注4-2]，必要なものは10秒以内に取り出せるようにタグをつける……などの対策を実施します。この場合，再度書類が見つからなくなる原因（＝机の上をちらかすこと）が「問題」なのです。

　書類が行方不明になるというインシデントが発生した場合，ビジネスへの影響

を最小限にするため、以下のようなプロセスが優先されます。これらはインシデント管理のプロセスであり、その目標は**ビジネスへの悪影響を最小限にすること**です。

- 机の上をかき分けて、なるべく早く書類を発見する
- オリジナルでなくてもよいなら、書類のコピーを作成する

これに対して、インシデントを再発させない（＝書類を紛失しない）ために以下のようなプロセスが実施されます。これらは問題管理のプロセスであり、その目標は**インシデントを再発させない**ことです。

- 重要な書類の保管場所を作る
- 机の上を整理整頓する

▼ 問題管理の本質はインシデントの再発を予防することである

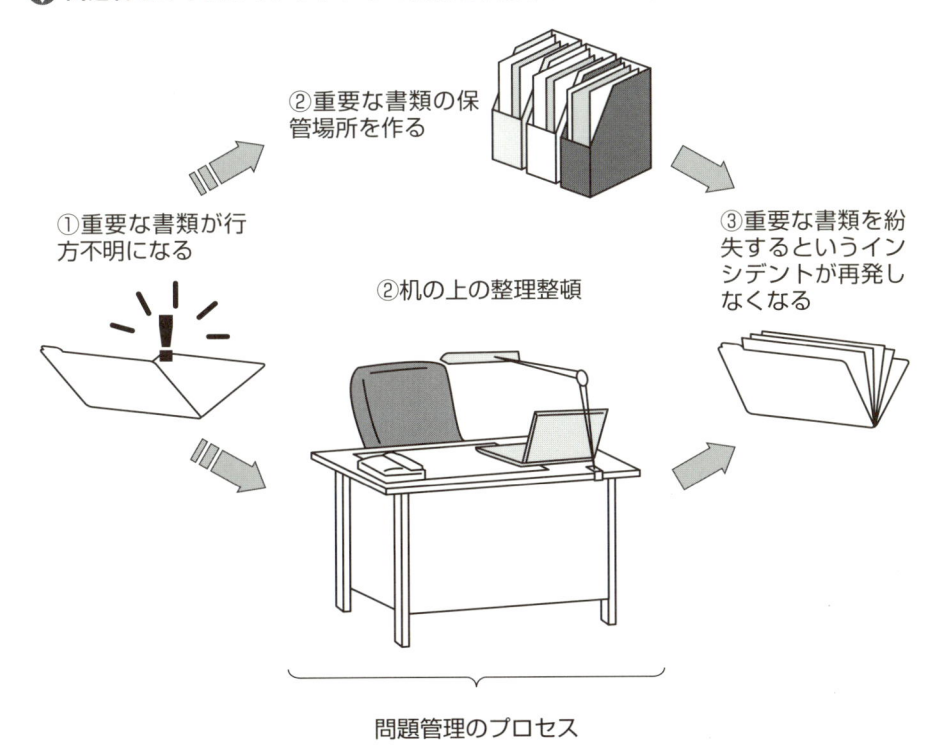

①重要な書類が行方不明になる

②重要な書類の保管場所を作る

②机の上の整理整頓

③重要な書類を紛失するというインシデントが再発しなくなる

問題管理のプロセス

2つのプロセスを比べると，インシデント管理よりも問題管理のほうが時間を要することが分かります。日々のビジネスの観点から見た場合，「問題管理のプロセスは時間がかかりすぎて，完了するまで待てない」ということになります。これはインシデント管理と問題管理の大きな違いです。

▶▶ 問題管理～ITサービスの例

ここではITサービスにおける問題管理として，ハードウェアインフラを例に考えます。ある会社に設置されている数十台のサーバのうち，数台が停止するというインシデントが発生したと仮定しましょう。

まず実施すべきアクションは，サーバを再起動して早急にビジネスアプリケーションを復旧させること[注4-3]です。その後，複数のサーバが停止した原因を調査します。その結果，たまたま同系列の電力ライン上に消費電力が大きい機材が設置されたため，それらが起動する瞬間にサーバが停止したことが判明しました。

問題管理の目標は，インシデントの根本原因を突き止めて，その解決策を提供することです。この場合，根本原因は「サーバルームの電源容量の不足」です。不通に考えると，「サーバルームの電源容量を増やす」という解決策が提案されそうなものです。

しかし，電源容量を増やすには電気工事のための予算が必用であり，また時間もかかります。工事が完了するまでサーバを稼働できないのでは，ビジネスへの悪影響は必至です。そこで，サーバルームの電源容量を増やすのはやめて，「消費電力量が○○kw以上の機材を使う場合，電源の投入は消費電力量に余裕がある19時以降，または週末に限定する」という解決策を採用することになります。

ここで大切なのは，問題管理のプロセスで提供される解決策は**根本原因の解決だけを目標にするのではない**ということです。状況によっては根本原因を解決せず，恒久的なワークアラウンドを策定することもあるのです。あくまでもビジネスの観点を重視するので，根本原因の解決に費用がかかり過ぎる＝費用の正当化ができない場合はワークアラウンドを適用する，ということです。

▶▶ プロアクティブなアクションでインシデントを予防

前述のサーバ停止の例では，トラブルの発生後にアクションを起こしています。すなわち，インシデントが発生してからその根本原因を突き止めて，解決策を検討しているのです。このような後手のアクションを**リアクティブ**（受け身）といいます。

これに対して、インシデントの予防的なアクションもあります。さまざまな観点で現状を分析し、インシデントを発生させる可能性がある未知の根本原因を突き止めて、その解決策を提供するのです。このような先手のアクションを**プロアクティブ**（積極的）といいます。

前述の書類の例で、机の上に書類以外のいろいろな物が散乱している状態を考えてみます。この場合、インシデントの発生とまでは言えませんが、「机がゴチャゴチャしているので、書類を見つけにくい」「隣席から机が汚いという苦情が出る」というような状態になっている可能性があります。この状況を分析し、「将来、重要な書類が行方不明になる可能性がある」と察知すれば、そのインシデントに対する予防策を講じることができます。これは問題管理のプロセスにおける、プロアクティブなアクションに相当します。

このプロアクティブなアクションを実行するためには、サービスデスクとインシデント管理における**ITサービス運用の可視化**が必要です。ビジネスに与える悪影響の大小に関係なく、すべての問い合わせやインシデントに関する情報を記録し可視化することによって、効率的かつ効果的にプロアクティブなアクションを実施できるようになります。それはインシデントの発生を未然に防ぐことになります。

総括 問題管理はここが重要

◎インシデントを再発させないことを目標とする！
◎根本原因の解決でなく、ワークアラウンドを適用する場合もある！
◎ITサービス運用の可視化が不可欠である！

疑問 4-2 問題コントロールとは何をすることですか？

→ ①問題の識別と記録→②分類→③調査と診断、という3つのプロセスを順に実施します。

▶▶ 問題コントロールの3つのプロセス

問題コントロールの目的は、問題の根本原因を突き止めることです。問題コン

トロールでは「問題の識別と記録」「問題の分類」「問題の調査と診断」という3つのプロセスを順に実施します。

○［1］問題の識別と記録

インシデント管理のプロセスにおける分類や調査で，以下のようなケースに該当すればそれを問題として識別し，そして記録します。

- CMDBやナレッジデータベースを照会した結果，過去に同様のインシデントが発生していないことが判明した[注4-4]
- そのインシデントについて分析した結果，同じ原因によりインシデントが再発する可能性[注4-5]があると判明した
- 将来的にインシデントの原因になる可能性があると考えられる

○［2］問題の分類

問題の識別と記録ができたら，以下のような分類において，その問題がどのカテゴリに属するのか分析します。

- どの分野に関連する問題なのか？
  例：ハードウェア，ソフトウェア，ネットワークなど
- 社内のどの部門に関係する問題なのか？
  例：IT，ビジネス，トレーニング，財務，管理など
- その問題のレベルはどのくらいか？
  例：ビジネスへ与える悪影響，緊急度，優先度など

例えば，疑問4-1「問題管理は何をするプロセスですか？」で解説した「机の整理整頓」はどのように分類されるでしょうか？　これは技術的なものではなく，トレーニングなど人間が介在するカテゴリに分類されます。また，「重要な書類の保管場所を作る」という対策の緊急度は低いですが，重要書類の保管に関すること[注4-6]なので優先度は高い……と判断できます。

○［3］問題の調査と診断

問題に関連する情報をできるだけ集めて分析し，問題（またはインシデント）の根本原因を突き止めます。この時，各エリアのIT要員（エンジニア）を召集して分析する場合もあります。優先度や緊急度に基づき，問題が難解な場合はエス

カレーションのプロセスを発動します。開発に携わったエンジニアだけでなく，必要であればベンダーのエンジニアも動員すべきです。

　問題管理における調査と診断は，インシデント管理の分析と同様の手順になることもありえます。しかし，インシデント管理のアクションは早急にビジネスを復旧させるために一刻を争うのに対して，問題管理のアクションにはそのような早急性がないという違いがあります。

▶▶ 根本原因を突き止めて解決する

　問題管理の目標の1つは，**根本原因を突き止めて解決する**ことです。この根本原因は，ハードウェアやソフトウェア以外の部分に存在する場合もあります。例えば「会社組織の構造的な欠陥による」「ビジネス部門のプロセスの不都合による」などです。これらの問題を調査，分析，診断するために，ITILでは石川ダイヤグラム[注4-7]やブレーンストーミング[注4-8]などの手法を推奨しています。

　問題の根本原因が突き止められたら，その問題は既知のエラーとして識別され，記録されます。そしてエラーコントロールへ送られて，解決策が練られることになります。

総括　問題コントロールのプロセス
◎①識別と記録　②分類　③調査と診断，という3つのプロセスを順に実施する！
◎インシデント管理と違い，一刻を争うような早急性はない！

疑問 4-3　エラーコントロールとは何をすることですか？

→ ①エラーの識別と記録→②評価→③解決策の記録→④クローズという，4つのプロセスを順に実施します

▶▶ エラーコントロールの4つのプロセス

　問題コントロールで根本原因を突き止めたら，「既知のエラー」として識別して記録し，エラーコントロールへ送ります。エラーコントロールでは「既知のエラー」の解決策を検討します。解決策がシステムの変更を伴う場合は，RFCを作成して変更管理へと送ります。

ここで使用した問題，既知のエラー，エラーコントロールなどは，いずれもITILの専門用語です。一般に使われている同じ言葉とは意味が違う[注4-9]ので注意してください。

> **確認** 「問題」「既知のエラー」「エラーコントロール」の意味
> ・問題とは，インシデントを発生させる要因のことである
> ・既知のエラーとは，根本原因が突き止められた問題のことである
> ・エラーコントロールとは，既知のエラーの解決策を編み出すプロセスである

エラーコントロールの活動は，以下の4つのプロセスからなります。

○［1］エラーの識別と記録

エラーコントロールにおける「エラーの識別と記録」は，問題コントロールの「問題の識別と記録」と基本的な違いはありません。ただし，すべてのエラーが本番の環境[注4-10]で発生したインシデントに起因するとは限らない点に要注意です。例えば開発中の環境で既知のエラーが検出された場合，そのエラーは問題コントロールのプロセスを通過していないことになります。このため，ここでそのエラーを識別して登録し，サービスデスクなど他のプロセスでその情報を活用できるようにします。

○［2］エラーの評価

既知のエラーに関係するIT要員のほか，必要であれば外部ベンダーのエンジニアも動員して，エラーの解決策を検討します。解決策がシステムの変更を伴う場合はRFCを作成します。RFCには①エラーの識別と記録において判明した，優先度と緊急度が適用されます。この時，解決策の1つとして，ビジネス部門のプロセス変更やトレーニングなどが立案されることもあります。

疑問4-1「問題管理は何をするプロセスですか？」で解説した「机の整理整頓」の場合，システム上の変更を伴わないのでRFCは不要です。しかし，それが将来のインシデントの識別で利用される，あるいはサービスデスクで利用されるべきインシデント事例と解決策である場合は，あえてRFCを作成し，CMDBまたはナレッジデータベースに記録するべきです。

○［3］エラーの解決策の記録

既知のエラーに関連したすべての情報は，CMDBまたはナレッジデータベース

[4] エラーのクローズ

　解決策が実装された後，PIR[注4-11]を実施してエラーはクローズされます。これによって，エラーは解決したことになります。

　RFP[注4-12]による解決策は，問題管理によって実装されます。問題管理ではRFCを確実に処理する責任があります。問題管理のエラーコントロールでは，PIRにより**解決策が有効であるかを確認する責任**があります。

　「整理整頓」の例では，変更管理のプロセスは必要ありませんでした。しかし，「整理整頓が正しく実行された結果，重要書類が行方不明になるというインシデントは発生しなくなったか？」についてのPIRは実施されます。その結果，確実に解決されたと判断されればエラーはクローズされることになります。

総括　エラーコントロールのプロセス

◎①エラーの識別と記録 ②エラーの評価 ③エラーの解決策の記録 ④エラーのクローズ，という4つのプロセス実施する

◎PIRにより解決策が有効であることを確認して，エラーのクローズとなる

- 注4-2　不要なものは捨て
  ここでは「不要なもの」の提議も必要である
- 注4-3　……ビジネスアプリケーションを復旧させること
  このアクションはインシデント管理である
- 注4-4　過去に同様の……判明した場合
  つまり，そのインシデントは過去に発生例がないため，解決策の例もないことになる
- 注4-5　インシデントが再発する可能性
  原因は同じも，まったく違うインシデントが発生する可能性もある
- 注4-6　重要書類の保管に関すること
  重要書類の中には，紛失するとビジネスに大ダメージを与えるものがある
- 注4-7　石川ダイヤグラム
  潜在的な問題や準問題の原因と，その解決策の効果を示す図。魚の骨のように枝分かれするため，フィッシュボーンと呼ばれることもある
- 注7-8　ブレーンストーミング
  会議の参加メンバーが自由にアイデアを出し，互いの発想の異質さを利用して連想することにより，さらに多くのアイデアを生み出す集団思考法

- 注4-9　一般に使われる言葉とは意味が違う
  例えばWindowsが異常終了することを指す「エラー」はITIL用語ではない
- 注4-10　本番の環境
  この「環境」はビジネスやシステムの環境を指す
- 注4-11　PIR
  Post Implementation Review。問題が解決されたかどうかを確認すること。導入後レビューともいう
- 注4-12　RFP
  Request For Proposal。提案依頼書

第 **5** 章
変更管理

CHAPTER 5

変更管理 ▷ **基礎解説編**

基礎 5-1 変更管理の目標

　変更管理はITサービスを提供するITインフラストラクチャ（ソフトウェア，ハードウェア，ネットワークなど）の変更を効率的かつ効果的に実施します。また，変更に必要な承認のプロセスを有効，確実にすることによって，変更が原因で発生するインシデントを最小限に抑える効果があります。

・変更のプロセスや手順を標準化し，承認のプロセスを徹底させる
・変更に起因するインシデントを防止し，ビジネスへのインパクトを最小限にする
・ビジネス要件，優先順位（プライオリティ）に基づいた変更を実施することで，ビジネス活動を加速＆最大化し，変更のコスト効率を向上させる

　変更管理のプロセスでは，以下のようなインプットとアウトプットがあります。

▼変更管理のプロセスの主要なインプットとアウトプット

主要なインプット	RFC
	ITサービスの詳細構成情報（CMDB）
	FSC[注5-1]
主要なアウトプット	将来的な変更スケジュール
	RFC
	CAB[注5-2]の承認，議事録およびアクション
	変更管理レポート

▼ 変更管理とプログラム管理との境界

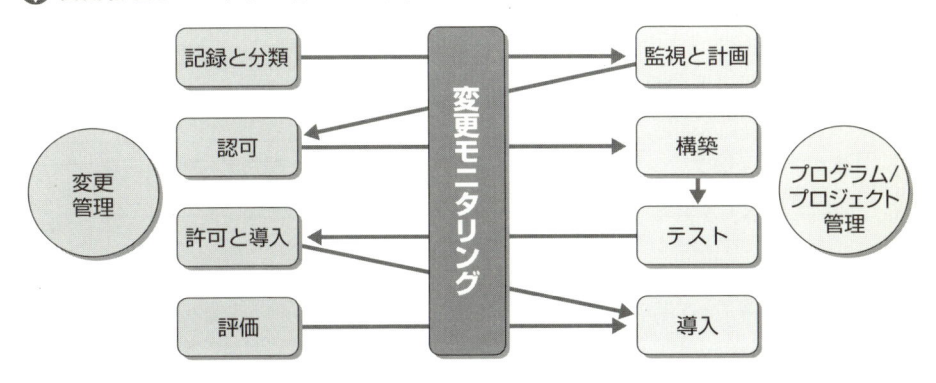

```
記録と分類 ──→ ┐           ┌──→ 監視と計画
               │           │
認可 ←──────── │ 変         │
               │ 更         ├──→ 構築
変更管理        │ モ         │
               │ ニ         │
許可と導入 ←── │ タ         ├──→ テスト        プログラム/
               │ リ         │                   プロジェクト管理
               │ ン         │
評価 ←──────── │ グ         └──→ 導入
```

基礎 5-2 変更管理の活動

　変更は多くの場合，コストの削減やサービスの改善，ビジネスの拡大など，ビジネスの利益をプロアクティブに求めることによって発生しますが，インシデントや問題の解決策の実装で発生する場合もあります。

　インシデントの50％以上は変更に起因するとされています。ビジネスにインパクトを与えたインシデントの場合，約90％が変更に起因するとも言われます。重大なインシデントが発生した場合，ITサービス要員どうしで「トラブルが発生する前，変なことしなかった？」と確認し合うことは実際にあります。つまり，変更管理のプロセスを標準化して，承認のプロセスを有効・確実にすることによって，変更に起因するインシデントを削減できるようになります。

　変更管理プロセスを有効・確実にすることで，変更のプロセス全体が効率化されるため，ビジネスの拡大に対して迅速に対応できます。同時に，不正な活動を防止して，日本版SOX法などのコンプライアンスを有効・確実にすることにもつながります。

基本的な変更管理の手順

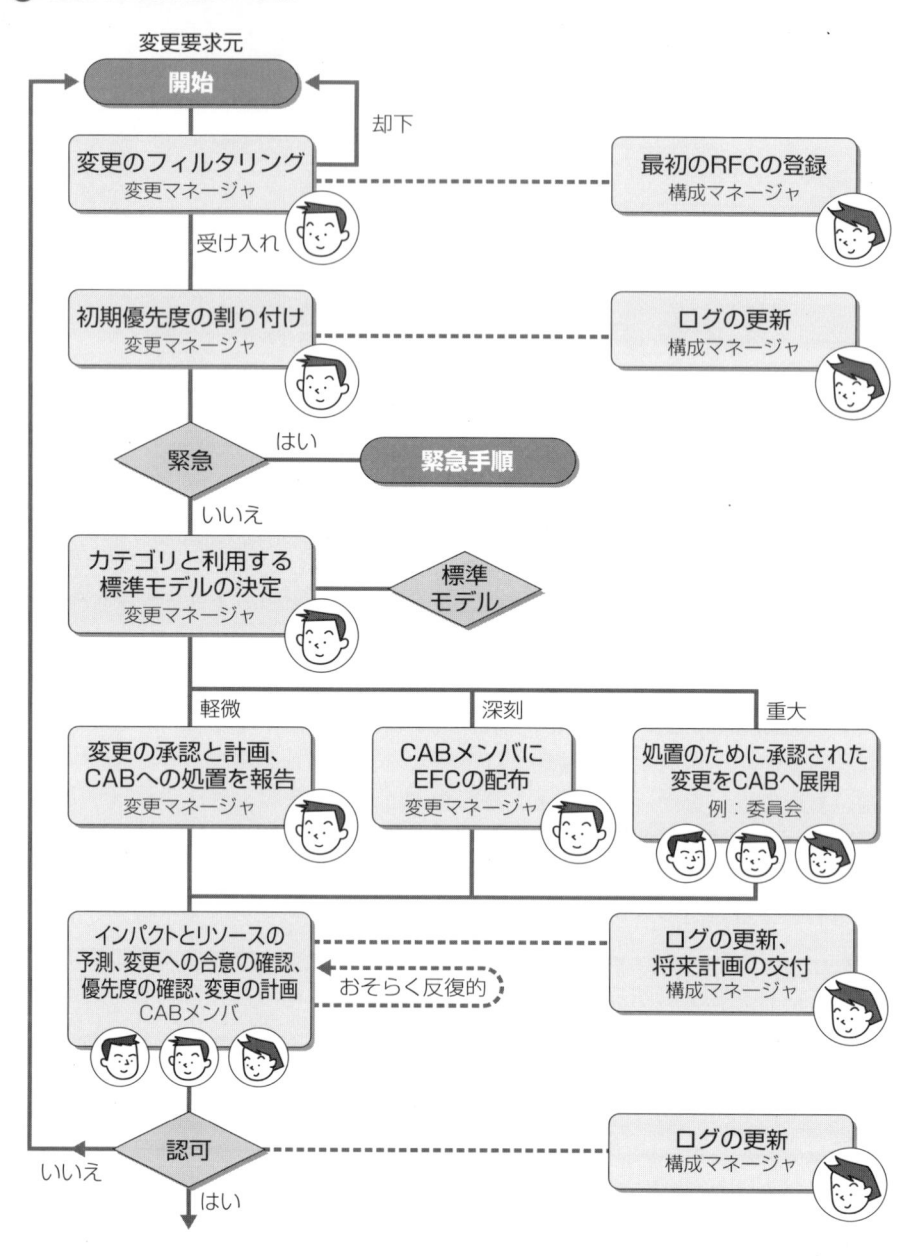

```
変更要求元
    ↓
   開始 ←──────────────────┐
    ↓                      │
変更のフィルタリング ──却下──→ 最初のRFCの登録
変更マネージャ                構成マネージャ
    ↓受け入れ
初期優先度の割り付け ────────→ ログの更新
変更マネージャ                 構成マネージャ
    ↓
   緊急 ──はい──→ 緊急手順
    ↓いいえ
カテゴリと利用する
標準モデルの決定 ── 標準モデル
変更マネージャ
    ↓
 ┌──軽微──┬──深刻──┬──重大──┐
 ↓        ↓         ↓
変更の承認と計画、 CABメンバに   処置のために承認された
CABへの処置を報告 EFCの配布    変更をCABへ展開
変更マネージャ   変更マネージャ  例：委員会
 └────────┴─────────┘
    ↓
インパクトとリソースの
予測、変更への合意の確認、←おそらく反復的── ログの更新、
優先度の確認、変更の計画                    将来計画の交付
CABメンバ                                  構成マネージャ
    ↓
   認可 ───────────────────→ ログの更新
    ↓はい                          構成マネージャ
  いいえ（←戻る）
```

第5章 変更管理

▶▶ 変更のフィルタリング

　変更の要求の多くは，ビジネスの利益をプロアクティブに求めることから発生します。同様の観点により，可用性管理やキャパシティ管理などITILの他のプロセスから発生する場合もあれば，すでに触れたように，インシデント管理や問題管理のプロセスで発生することもあります。作成されたRFC（変更要求）はすべて変更管理のプロセスへ送られ，**変更管理マネージャ**（変更管理責任者）によって登録と分類が行われます。

▶▶ 優先度の割り当てと変更のカテゴリ化

　変更要求の数が極端に少ない場合を除いて，すべての変更を同時に実施するのは不可能です。そこで，変更管理マネージャによって，ビジネスとテクノロジの両方の観点から変更要求を評価して，あらかじめ優先順位を割り当てます。

▼優先度の割り当ての例

即時（Immediate）	多くのユーザや部門に深刻な影響を与え，ビジネスの損失が大きく見込まれる。または，外部顧客に対して影響を及ぼす。
高（High）	何人かのユーザに対して深刻な影響を与えビジネス活動を中断させる。または，多くのユーザが不便を感じる。
中（Medium）	深刻な影響はないが，長期間は待てない。
低（Low）	変更の必要は認められるが，優先度は低い。

　通常，変更が実現しなかった場合のインパクトを起点として優先度を考えます。プロアクティブな変更要求の場合は，変更が行われた場合の利益も要素として加えられます。

▶▶ CABミーティング

　登録され，優先度が割り当てられた変更要求をCABミーティングにて議論します。そこではインパクト評価とリソース評価，変更の認可などを行います。

▶▶ インパクト評価・リソース評価

　変更がビジネスの運営に与えるインパクト，期待できる利益，緊急度などに加えて，ビジネス部門とIT部門が双方で負担すべきコストや必要とされるリソースなどについてレビューを行います。

▶▶ 変更の認可

変更管理プロセスに基づいてレビューされたRFCは，CABのすべてのメンバー（専門テクノロジ分野の責任者を含む）の承認を得た上で認可されます。

▶▶ 変更のスケジュール化

変更ではソフトウェアとOSのバージョン，ハードウェア間の関連性などを考慮するべきです。これにより変更のプロセスが効率化され，変更を実装する順序によってインシデントが発生した場合でも，問題の切り分けが容易になる場合があります。

また短期的，長期的な変更の予定をビジネス部門と合意しておくようにします。これはビジネスへの無用なインパクトを回避し，必要なリソースを確保するのに役立ちます。ここで作成されるスケジュールはFSCとして，ビジネス部門も含めた関係者で共有します。

▶▶ 変更の構築・テスト・実装

認可されたRFCは適切な部門やリソースに受け渡され，変更の構築が実施されます。この時，変更管理ではそれぞれの変更が順調に進むように，調整役として管理します。

▶▶ 変更後のレビューとクローズ

あらかじめ設定した期間が経過した時点で，実装された変更の結果をレビューします。必要に応じて，変更結果はCABにおいてもレビューされ，期待された結果であるならばRFCはクローズされます。追加処置が必要であれば新たにRFCを作成して，CABの承認を経て実施されます。

▶▶ 管理レポートの作成

変更管理プロセスが効果的に機能しているか，管理レポートにまとめます。

▶▶ 変更はどのように実施されるべきか？

実際の変更は最適な手法で実施されるべきです。例えば，変更管理プロセスにおいては，プログラムロジックの変更そのものまでは管理しません。

また，すべてのRFCがCABのレビューと承認を必要とするわけではありません。通常の業務で繰り返し行われるような，手順や承認プロセスが確立している

変更の場合はスタンダードチェンジ（標準変更）として扱い，CABの承認は省略します。

CABはビジネス部門のマネージャの参加が必要なので，あまり頻繁に召集できません。緊急を要する変更のためのプロセスを確立し，電話やメールなどで承認を受けられるシステムを構築しておきましょう。

変更に起因するインシデントを防ぐには，アプリケーションまたは機能ごとの責任者[注5-3]を決め，その承認を得るようにすべきです。実際に行われる変更の内容について，事前にすべてのエリアマネージャのレビューを受け，技術的な確認を行います。

変更を実施するにあたっては，テスト環境で十分なテストを実施し，万一の場合に備えて切り戻し[注5-4]の手順を準備しておく必要があります。

基礎 5-3 CABについて

CABは変更の認可，RFCの評価や優先度の決定などを行います。CABは以下のようなメンバーから構成されます。

- 変更管理マネージャ
- 顧客
- ユーザ側マネージャ，ユーザグループの責任者
- アプリケーション開発者または運用要員
- 専門性を持ったIT要員
- （必要ならば）ベンダーの技術者，コンサルタント

CABのメンバーは多忙であることが多いため，開催できる回数は制限され，開催時間も1時間程度に抑えるべきです。CABではビジネス部門のマネージャと共同でRFCを評価します。ここではビジネスの観点で評価されるので，費用対効果などをビジネス的に正当化できない変更は承認されないことになります。

基礎 5-4 変更管理のKPI

変更管理のプロセスを評価するためのKPIとして，以下のような項目が考えられます．

① 変更の実装が失敗した件数
② RFCが受け付けられなかった件数
③ RFCが認可されなかった割合
④ 変更のバックログ[注5-5]の件数
⑤ 予定期間でクローズされなかった変更の件数
⑥ 切り戻し計画が準備されなかった変更の件数
⑦ 変更が原因で発生した変更の件数
⑧ 緊急の変更の件数
⑨ 顧客満足度またはユーザ満足度

このうち，①は変更に起因するインシデントのことです．②はサービスデスクでRFCの不備が指摘されること，③は変更管理マネージャまたはCABでRFCが認可されないことを意味します．

- 注5-1 FSC
  Forword Schedule of Change＝将来的な変更スケジュール
- 注5-2 CAB
  Change Advisory Board。変更諮問委員会
- 注5-3 アプリケーションまたは機能ごとの責任者
  この責任者をエリアマネージャと呼ぶ．エリアマネージャは担当するエリアについて高い専門知識を持つ
- 注5-4 切り戻し
  システムの変更によってトラブルが発生した場合などに，変更前の状態に戻すこと
- 注5-5 バックログ
  本来は開発しなければならないが，未開発のままになっている案件

変更管理 ▷ 一問一答編

疑問 5-1 変更管理はどんなプロセスですか？

→ あらゆる変更で発生する一連のプロセスを一元的に管理します。

▶▶ 変更管理のプロセス

変更における一連のプロセスとは，以下の7つの行程です。変更管理＝ハード／ソフトウェアの変更を管理することではありません。

> **確認　変更における一連のプロセス**
> ①変更要求（RFC）の作成→②フィルタリング→③CABによる検討
> →④変更の構築→⑤確認と認証→⑥変更の実施→⑦変更後のレビュー

変更管理では標準的な手法によって，これらのプロセスを一元的に管理します。変更管理のプロセスを正しく実行することによって，以下のようなメリットがあります。

- ビジネスの観点，すなわち費用対効果や会社のリスクの観点で正当性が認められた変更のみ実施できる
- 多数の変更要求に優先順位をつけて，無駄な変更をなくせる
- 変更要求や変更後のテスト実施のなどの認可をエリアマネージャから取得することで，変更に起因するインシデントを減らせる
- 切り戻しが必要な変更を減らせる
- 将来的な変更をスケジュール化して，計画的なIT運用を実現できる
- ビジネス部門とITサービス部門との間で，変更に関する効率的なコミュニケーションが可能になる

▶▶ 3種類の変更

変更は大きく分けて**基本的な変更**（ベーシックチェンジ），**標準的な変更**（スタンダードチェンジ），**緊急の変更**（アージェントチェンジ）があります。パス

ワードの再設定&リセットやアカウントの再発行なども"変更"と呼ばれますが、これらはITILで定義している変更とは区別し、「サービス要求」として別のプロセスで管理します。

▼ **パスワードの更新やリセットはITILにおける変更とは区別すること**

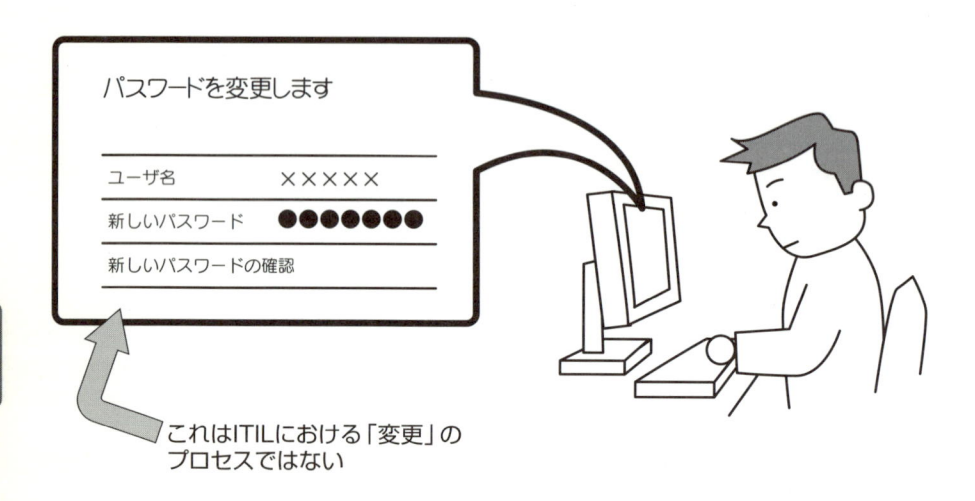

```
パスワードを変更します

ユーザ名         ×××××
新しいパスワード    ●●●●●●
新しいパスワードの確認
```

これはITILにおける「変更」の
プロセスではない

　標準的な変更は、通常のオペレーションで繰り返し行われるような変更です。変更の手順が確立している、予算が計上されている、変更要求を依頼した部署が管理できる、などの条件があらかじめ満たされています。

　緊急の変更は、通常の変更プロセスでは時間的な余裕がなく、ビジネスに大きな悪影響を与えてしまう場合に適用されます。緊急の変更はあくまでも最悪の事態の回避策であり、できるだけ使わないようにするべきです。

　前述のように、「ビジネスに悪影響を与えるインシデントの約90%は変更に起因するものである」という統計結果もあります。サービスの質を向上させるためにはハード／ソフトウェアの更新も必要ですが、ビジネスに悪影響を与えないよう、変更管理を整備して確立することが大切です。

> **総括　変更管理の役割**
> ◎変更管理の確立によって、変更に起因するインシデントを回避できる！

疑問 5-2　RFCはどんな書類ですか？

→ ITサービスに関する変更を要求するための文書です。

▶▶ 変更の情報を明確にするRFC

　RFC（Request For Change）とは文字どおり，**ITサービスのソフト／ハードウェア，手順などに関する変更の要求書**のことです。例えば，インシデントの解決でパッチ処理をする場合などにRFCを作成します。ビジネス部門から「ビジネス目標を達成するため，このような変更を実施してほしい」という要求があった場合などは，それを元にRFCを作成することもあります。

　近年はビジネスの変化が加速し，ビジネスプロセスとの関係が深いITシステムに対する変更の要求も増えています。ビジネスニーズに則して効率的に変更を実施するため，RFCは不可欠なのです。RFCの目的は，変更に伴う以下の点を明確にすることです。

- 誰が，どんなビジネス要件に基づき，どんな変更を要求しているか？
- 変更を実施しない場合，どんな負のビジネスインパクトが想定されるか？
- その変更によって発生する費用は誰が負担するか？

　起案されたRFCをもとに，変更マネージャは変更にかかる手間や費用などを検討します。そして，変更がもたらすビジネス上の効果，変更に伴うリスクなどの情報をまとめます。必要ならばCABを召集して，その変更の要求は妥当であるか，その変更に対して費用やリソースを投入する価値はあるか，（変更の要求が複数ある場合は）優先順位をどうするかなどを決定します。

　以下はRFCに記載すべき項目です。

確認　集計を行う際の項目の例

- RFC名　・提出部署　・提出責任者
- 変更の目的　・変更を行った場合のビジネス上の効果
- 変更を行わなかった場合のビジネス上の損失

- 変更の難易度，リスク　　・変更にかかる工数，日数，費用
- 変更を行った場合のスケジュール　　・変更の重要度，優先度

これらの項目をレイアウトして，以下のようなRFCを作成します。

▼ RFCの例

変更要求書

RFC管理番号	2007-06-0001
RFC提出日	2007年6月18日
提出者（所属）	今西太郎（カスタマーサービス）
第一承認者（所属）	吉永花子（カスタマーサービス・Job Level: Band III）
変更マネージャ	佐々木保
承認者	吉永花子　佐々木保
承認日	2007年6月20日

■変更依頼内容とその地域
　問屋AとBの合併に伴うEDIフォーマット，売り掛け上限，請求鑑および請求書フォーマットの変更，および請求書送付先の変更

■理由
　重要客先の合併統合への対応のため

■期日
　7月1日より合併後の運用を開始

■変更費用の負担先
　カスタマーサービス，営業の折半

■重要度
　最高

■変更ができない場合のビジネスインパクト
　・マニュアルでの手続きと業務処理を行うため，Job Band 1レベル1名専任が必須。マニュアル処理に伴うミスが避けられない。
　・客先にてマニュアルでの処理を受け入れるかは不明，受け入れられない場合は出荷停止，最悪の場合は取引停止が発生する可能性があり，年間20億のビジネスインパクトが発生する。

◇変更マネージャの評価とコメント

第5章　変更管理

> **総括** **RFCの役割**
> ◎ビジネスニーズに合った変更を実施するため，RFCは必須である！

疑問 5-3 CABはどんな組織なのですか？

→ ビジネスの観点でRFCを評価し，その変更の許可／不許可を決める組織です。

▶▶ CABは何をするのか？

　CAB（Change Advisory Board：変更諮問委員会）はRFCを評価し[注5-6]，変更の認可や優先順位を決定する組織です。CABはビジネス部門のプロセスまたはエリアごとのマネージャ（必要に応じてユーザも加わる），ITサービス部門の変更マネージャおよび各エリアマネージャなどから構成されます。

　RFCは社内のさまざまな部門から起案されます。例えば，以下のような内容のRFCが考えられます。

- ビジネスアプリケーションの画面構成の改善
- 得意先からの要望により，請求書の内容と発行日時を更新したい
- 法律の改正にシステムを対応させる
- 新しい販売条件に合わせてシステムを変更する
- ITベンダーのサポートが終了するので，IT機材をアップグレードしたい
- ITベンダーから送付されたセキュリティパッチを適用して欲しい

　これらのRFCについて，CABは**ビジネスの観点で評価**します。そのRFCの内容はビジネスゴールやビジネス戦略に則しているか，どんなリスクがあるか，コストは正当であるか……などを検討します。複数のRFCがある場合には，リソースと予算の配分を考えて優先順位を決めます。変更のリリース時にビジネス部門でも準備が必要な事項は，CABを通じて，事前にユーザへ周知徹底させる必要があります。

　ユーザからの変更要求には"あったらいいな"的な要求[注5-7]が意外に多いもの

です。また，ある部門からのRFCに対応すると，別部門からのRFCの対応は不要になることもあります。まだ告知されていないけれど，実はRFCを提出した部署は廃止が決定している場合もあるでしょう。

▼ ユーザから"あったらいいな"的な変更要求が出されることも多い

「最新のCPU・大容量メモリを搭載したデスクトップパソコンが欲しい」

「そのようなパソコンは高価すぎて，コストを正当化できない。ノートパソコンの標準モデルで十分だろう」

　CABのメンバーには，このような状況に対応できる人を選出します。RFCに対してビジネスの観点からの判断が必要なので，ビジネス部門からの選出は**ビジネスプロセス単位のマネージャ**が適任です。ビジネス部門のユーザレベルからは，必要に応じてメンバーを選出すればよいでしょう。ITサービス部門からの選出は**問題マネージャとサービスレベルマネージャ**が必須で，それ以外は必要に応じて選出します。

▶▶ CABを円滑に運営するために

　冒頭で挙げた変更マネージャは，CABの開催時には議長を務め，議論が円滑に進むようにファシリテーションします[注5-8]。そのためには，RFCをもとに以下の点を検討し，資料を作成して事前に配布しておく必要があります。

- 変更の難易度　・変更に伴うリスク
- 必要なリソース　・発生する費用[注5-9]
- 変更によって会社が得る利益　・変更しない場合の不利益

マネージャはビジネス上の何らかの責任を持っており，日常的に多忙な人がほとんどです。そのようなマネージャにCABへの出席を依頼するのですから，円滑な運営は不可欠です。建設的な議論を効率よく進めないと，次回からは出席してもらえなくなる可能性があります。

CABはRFCが提出されるたびに召集する必要はありません。ビジネスへの悪影響やコストが発生せず，ビジネスの観点では絶対に必要な変更の場合は，CABによる承認は不要です。日常的に繰り返し行われる変更でも同様です。

その逆に，重要かつ緊急を要するRFCが提出された場合は，CABメンバーを招集する時間がない場合もあります。このような事態に備えて，緊急時にメールや電話などで承認を得られるプロセスを準備しておくことも必要です。

> **総括　CABという組織の役割**
> ◎CABは変更要求の必要性についてビジネスの観点から評価する！
> ◎変更マネージャはCABの議長として，議論が円滑に進むよう注力する！

疑問 5-4　変更管理のプロセスはどのように進めたらよいのですか？

→ 変更における一連のプロセスをスムーズに処理するため，標準的な手法を整備してそれを確実に実行します。

▶▶ 通常の変更管理の進め方

疑問5-1「変更管理はどんなプロセスですか？」でも解説したように，変更を実施すると7つのプロセスが発生します。変更管理では7つのプロセスを処理するための**標準的な手法**を整備して，それが確実に実行されるようにします。

ITILには「必ずこのとおりにすること！」という決まりはありませんが，「ITILの考えに基づいた変更管理」は以下のような流れで進みます。ビジネス部

門から，ビジネスアプリケーションの仕様を変更するよう要求があった場合を例に考えてみましょう。

○［1］RFCの作成

まずRFCを作成します。作成されたRFCは，サービスデスクを通じて変更管理マネージャへ送られます。この時点で変更のチケット（案件）がオープンされます。

○［2］RFCのフィルタリング

変更管理マネージャはRFCの内容を登録し，フィルタリングを実施します。ここでは変更の実現性，難易度，人月や費用の概算，スケジュール，リスク，ビジネスの観点で見た優先度などを検討します。

○［3］CAB（変更諮問委員会）による承認

RFCのフィルタリングが完了したら，変更管理マネージャはCABを召集します。CABはその変更の必要性，変更に伴うビジネス上のリスク，変更のスケジュールなどについて議論し，最終確認と承認を実施します。

いつも忙しいCABのメンバーを頻繁に招集するのは困難なので，すでに実施されている変更があれば，この機会に結果のレビューも行います。レビューされた変更は，正式にチケットのクローズ（またはRFCのクローズ）という形で終了します。

○［4］変更の構築

CABで承認されたRFCは，変更管理スケジュールに従って変更構築者（変更コーディネーター）に送られます。変更構築者は変更の内容，範囲，規模などに基づいて，プロジェクトとして変更を構築します。そして，変更の構築から変更後のテストまでを処理します。変更の構築は，一般的なプログラミングやプロジェクトマネジメントの手法に則って実施されるのが理想です。なお，構築そのものは変更管理プロセスには含まれません。

○［5］変更の確認と認証

変更の構築後，変更が正しく実施されてシステム障害が発生しないようにするため，ITサービス部門のメンバーによって確認と承認を実施します。ここでは各エリアごと[注5-10]のビジネスアプリケーション運用の責任者，あるいはビジネスア

▼ 変更管理はこののような流れで進む

①RFCの作成
ネットワークの速度を改善してほしい

②RFCのフィルタリング
変更管理マネージャ

③CABによる承認

④変更の構築

⑤変更の確認と承認

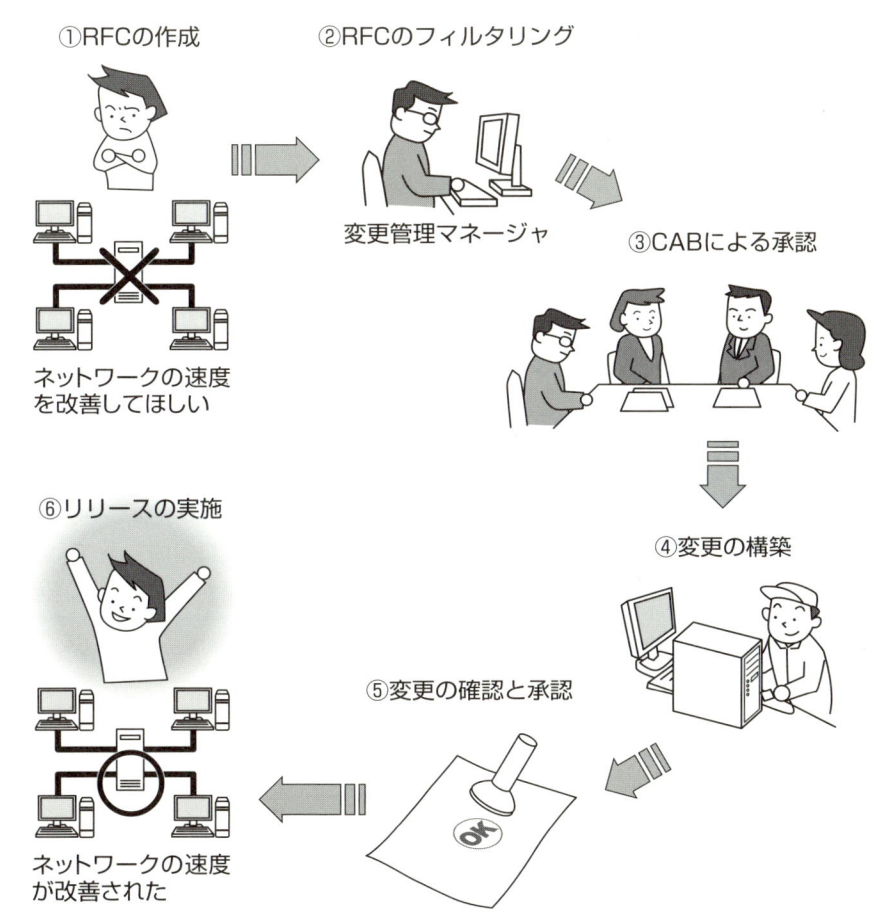

⑥リリースの実施
ネットワークの速度が改善された

プリケーションにもっとも詳しい人物にも参加をしてもらいます。これをもって，変更の構築は終了となります。

○ [6] リリースの実施

確認と認証が完了したら，リリース管理のプロセスに基づいてリリースを実施します。

▶▶ 緊急を要する場合の変更管理

変更管理マネージャによるフィルタリングが完了した時点で，そのRFCが緊急

を要する[注5-11]ものだった場合，フィルタリングの集計やCABメンバーによる議論などをする時間はありません。そのような事態に備えて，前述の③と⑤を逆にした緊急用プロセスを確立しておきます。すなわち，主要なメンバーによる確認と承認（③）によって変更構築を開始して，CABによる承認（⑤）は後回しにできるようにします。ただし，緊急の変更はさまざまなインシデントの原因になりやすいというデメリットがあります。**緊急の変更は極力発生させないよう，日常的に努力することも大切です。**

単なる集計レポートの変更のように，通常の変更手順が確立されている変更も少なくありません。このような変更は事前に一括して予算化されており，CABでも包括的に承認されているので，スタンダードチェンジとしてプロセスを確立しておくべきです。ただし，通常の変更や緊急変更との整合性をとること，適正にスケジュール化すること，確認と認証が必用であることには同じです。

> **総括**
>
> **変更管理はここが大切**
>
> ◎変更のプロセスを処理するための，標準的な手法を整備する必要がある！
> ◎緊急の変更に対応できるプロセスも必要だが，そのような変更はなるべく発生させないのが望ましい！

- 注5-6　ビジネスの観点で変更要求を評価
  この評価の対象は変更後の結果も含む
- 注5-7　あったらいいな的な要求
  「Nice to have」と呼ばれる場合もある。RFCを作成する際，通常は価値のない要求はふるい落とされることが多い
- 注5-8　ファシリテーションする
  グループ活動が円滑に行われるように，中立的な立場から支援すること
- 注5-9　発生する費用
  次年度以降に必要になる，継続的にかかる費用も含む。　詳細は疑問5-2「RFCとはどんな書類なのですか？」を参照
- 注5-10　各エリアごと
  例えば受発注システムのような基幹システムであれば，受注，在庫管理，出荷，請求などの各エリアになる
- 注5-11　緊急を要する
  RFCが緊急を要する場合，サービスデスクや変更管理マネージャにその旨が直接伝えられる

第6章 リリース管理

CHAPTER 6

リリース管理 ▷ **基礎解説編**

基礎 6-1 リリース管理の目標

　リリース管理は，承認されたITサービスにおける変更のリリースに関するすべてのプロセスを管理することによって，ビジネスと技術的な観点からリリースが確実に実施されることを保証します。また，リリースによって確定した最終的な構成要素をCMDB上で更新すると共に，ソフトウェアに関してはDSL[注6-1]へ格納して管理します。

- ソフトウェアやハードウェアが確実にリリースされるよう計画し，監視する
- ソフトウェアの配布や実装のための効果的な手順を計画し，実施する
- 変更されたハードウェアやソフトウェアは信頼性／正確性が確認されており，確実にテストされたバージョンのみを実装することを保証する
- スケジュールなど，リリースに関する情報とビジネス要件について顧客とコミュニケーションする
- 変更管理プロセスとの間でリリースに関する計画を調整し，合意する
- ハードウェアやソフトウェアの実装に従って，構成管理情報（CMDB，DSL）を更新する

▼リリース管理のプロセスの主要なインプットとアウトプット

主要なインプット	承認されたRFC
	CABからの提言，アウトプット
	考慮されるべき制約，条件
	ライフサイクル管理情報
主要なアウトプット	更新されたITサービス
	更新されたCMDB
	最新バージョンのトレーニング資料や文書
	実施テストされた切り戻し計画
	新たに見つかった既知のエラー

基礎 6-2 リリース管理の活動

リリース管理とは，変更管理プロセスで策定された**変更を本番環境へ実装するプロセス**です。RFCが提出され，CABで承認されて，すでに変更とテストが終了している状況です。このため，リリース管理は変更管理の一部とされることもあります。加速しているビジネスの変化に対応するためには，変更を正確かつ確実に実施させ，変更に起因するインシデントを予防するリリース管理プロセスは不可欠なのです。

CMDBおよびDSLは構成管理プロセスによって計画・立案され，構築や管理が実施されます。しかし，変更が発生した場合はリリース管理プロセスによって更新されます。

変更を実装するにあたっては，ITサービス部門の都合ではなく，ビジネス部門の条件やスケジュールを優先します。大規模なリリースが行われる際は，繁盛期のようにビジネス上のイベントが発生する時期は避けるべきです。また，リリースをスムーズに実施するため，ビジネスとITに関する知識が豊富なユーザ（キーユーザ）のスケジュールを考慮することも大切です。

▼ リリース管理における主な活動

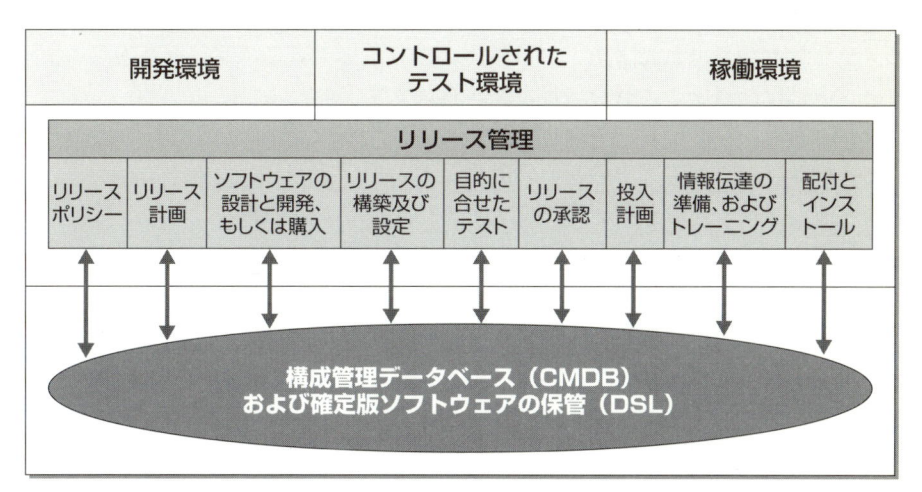

開発環境	コントロールされたテスト環境	稼働環境
リリース管理		
リリースポリシー / リリース計画 / ソフトウェアの設計と開発，もしくは購入	リリースの構築及び設定 / 目的に合せたテスト / リリースの承認	投入計画 / 情報伝達の準備，およびトレーニング / 配付とインストール

構成管理データベース（CMDB）および確定版ソフトウェアの保管（DSL）

▶▶ リリース計画立案

リリースの実施はプロジェクトの一種と考えられます。このため，リリース計

画ではプロジェクトのフレームワークに沿って，決められている項目の内容を明確にして，関係者やグループと合意（コンセンサス）する必用があります。リリース計画立案からのアウトプットには，以下のような項目があります。

- リリース内容に関する合意
- 地理的な条件，ビジネスの単位と範囲，それらに対するフェーズごとのアプローチについての合意
- リリーススケジュールの作成
- 現状のITサービス環境の調査
- ビジネス部門とITサービス部門双方の要員の確保
- リリースにかかわる要員の役割と責任
- 切り戻し計画の作成
- リリースに対する品質の確保
- ITサービスのサポートグループおよび顧客の受け入れ計画

▶▶ リリースの設計・構築・設定

　変更または新規開発したモジュールと，最新の既存パッケージソフトウェアとをリンクします。あるいは自動インストールルーチンの作成，新しいソフトウェアをサポートするためのITサポート要員のトレーニングなどを構築します。新規のメディアや更新されたメディアはDSLに保存します。このプロセスからのアウトプットには，以下のような項目が挙げられます。

- 詳細なリリースの実施のための計画とその手順
- サポートツールなどのソフトウェアやハードウェアの購入
- 自動インストールのスクリプトおよびテスト計画
- DSLに保存されるべきメディア，マスターコピー，ドキュメンテーション
- 切り戻し計画書，手順書

▶▶ リリースの受け入れ

　ITサービスを利用する側の観点[注6-2]によるテスト（ユーザアクセプタンステスト）を実施して，ビジネスで問題なく使用できることを確認します。このテストで問題が発見された場合，リリースは延期されることになります。このプロセスからのアウトプットには，以下のような項目が挙げられます。

- テスト済みインストール手順とリリースするコンポーネント
- テスト済み切り戻し手順
- テストの最終結果
- 新システムの概要，サポート，監視などの手順および文書
- ITサービス，サポートスタッフ，および顧客，ユーザ向けトレーニング
- 最悪の事態が発生した場合のワークアラウンド，BCP[注6-3]と切り戻し計画
- リリース実装の承認

▶▶ 投入計画立案

　ユーザアクセプタンステストの完了後，実装が承認されたリリースを投入するため，詳細なタイムスケジュールに基づいた配布や実装の計画を立案します。その際，地域性に基づいたり，特定の範囲やグループごとに順次実施するフェーズアプローチなどが考慮されます。このプロセスのアウトプットとして，以下のような項目が挙げられます。

- 正確で詳細なタイムテーブル，誰が何を行うか
- インストールと廃棄すべきCI[注6-4]のリスト
- 文書化された地域，拠点ごとの実施計画
- 顧客，ユーザへのコミュニケーション計画

▶▶ コミュニケーション・準備・トレーニング

　変更とリリースに関係する顧客，ユーザ，ITサポートスタッフに対して，リリース計画やリリースによる業務への影響などをコミュニケーションします。必要に応じてトレーニングを実施します。このプロセスのアウトプットとして，以下の項目が挙げられます。

- 最新のバージョンのITユーザとサポートスタッフのトレーニング資料
- 最新のリリース計画

▶▶ 配布とインストール

　作成されたリリース計画に基づいてソフトウェアやハードウェアを配布します。配布と廃棄に伴い，CMDBを最新の状態に更新します。このプロセスのアウトプットとして，以下の項目が挙げられます。

- 最新のITサービスに関するユーザ，サポートスタッフ用の資料
- 更新されたCMDB
- 廃棄されたCI

　近年は商用ソフトウェアのインターネットからのダウンロードが一般的になっています。この機能を利用して，必要なバージョンを配布することも可能です。ただしセキュリティ，標準化（時期，バージョン管理），CMDBの更新などの観点で管理される必要があります。

基礎 6-3　3つのリリース方式

　切り戻し計画（Back Out Plan）の責任はリリース管理プロセスが負います。リリースの失敗の中でも，「リリース前の状態に戻せなくなった」という場合は重大なインシデントを引き起こす恐れがあります。切り戻し計画を作成しても，十分な準備とテストを行わなかった場合に発生しやすい失敗です。

　複雑なITサービス，分散型のテクノロジ，ビジネスに深く関係しているITサービスなどを考慮すると，変更やリリースの回数は減らすべきです。変更やリリースの回数が多ければ，ITサービスを中断して作業する割合も増え，それだけインシデントが発生する確率も高くなります。リリースの複雑性とリリース回数のバランスを最適化するため，パッケージリリース，デルタリリース，フルリリースなどの考え方があります。

▶▶ フルリリース

　変更したユニットやコンポーネントだけでなく，1つのサービスなどの単位（または範囲）をすべてリリースする方式です。テストを実施した単位では，インシデントが発生する確率は低くなります。本番環境とテスト環境に差異がある場合に，本番環境が変わってしまう可能性があります（これがインシデントになる可能性があります）。

▶▶ デルタリリース

　変更がないものはリリースせず，該当のユニットやコンポーネントのみリリースする方式です。テストや配布の工数を削減できる可能性があり，緊急性が高い

リリースに適しています。テスト環境と本番環境で差異が存在する可能性がある場合，このリリース方式を検討するとよいでしょう。

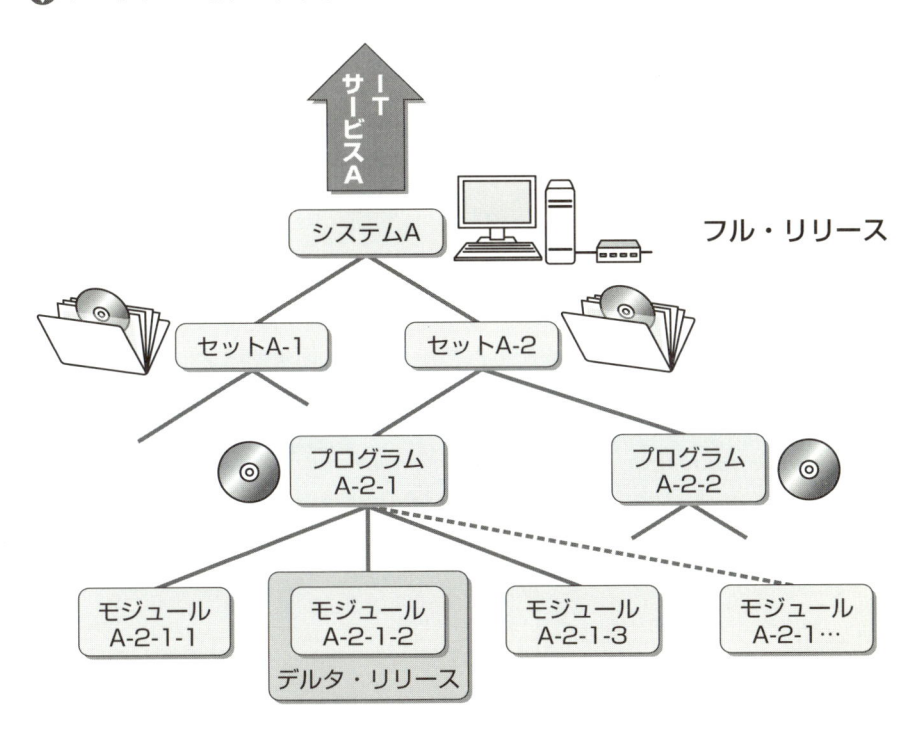

▼ フルリリースとデルタリリース

（図：フル・リリースとデルタ・リリースの構造。ITサービスA → システムA → セットA-1, セットA-2 → プログラムA-2-1, プログラムA-2-2 → モジュールA-2-1-1, モジュールA-2-1-2（デルタ・リリース）, モジュールA-2-1-3, モジュールA-2-1…）

▶▶ パッケージリリース

　フルリリースとデルタリリースを組み合わせたリリース方式です。リリースの回数を削減して，ITサービス環境を長期間安定させたい場合に有効です。規模の大きなリリースを確実に実施できる能力，技術力が必要です。

基礎 6-4 リリース管理とDSL（確定版ソフトウェア保管庫）

　DSLは物理的なソフトウェアの保管庫です。いったんバージョンが確定し，CIとして識別された重要な位置づけのソフトウェア（およびドキュメンテーション）

を保管します。DSLに保管したソフトウェアは，本番環境やテストで稼働させてはいけません。また，誤って書き換えや削除をされることがないよう厳重に管理します。セキュリティや防災の観点から，保管庫への立ち入り制限や災害対策なども必用になります。

▼ リリース管理におけるDSLとCMDBの関係

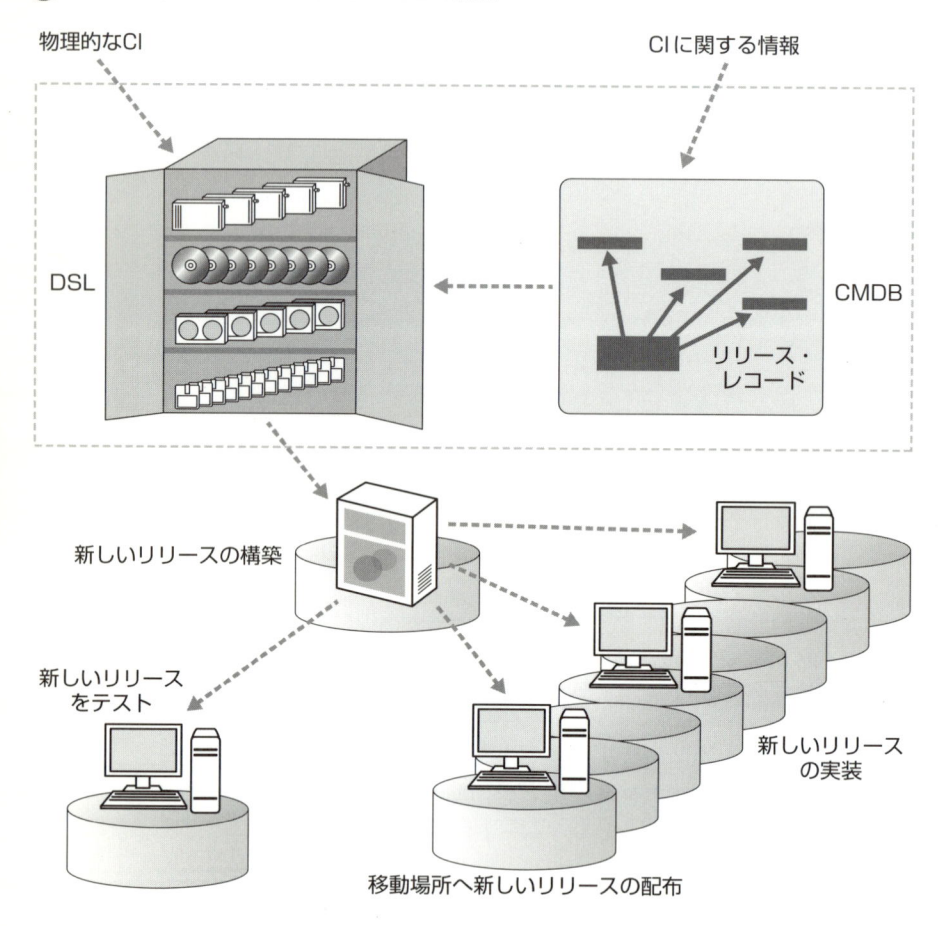

物理的なCI　　　　　　　　　　　　　CIに関する情報

DSL　　　　　　　　　　　　　　　　CMDB

リリース・レコード

新しいリリースの構築

新しいリリースをテスト

移動場所へ新しいリリースの配布

新しいリリースの実装

基礎 6-5 リリース管理のKPI

リリース管理プロセスを評価するためのKPIとして，以下のような項目が考え

られます。

①DSLに保管されていない，インストール済みソフトウェアの数
②リリースが原因で発生したインシデントの件数
③スケジュールどおりに終了したリリースの割合
④テストされずにリリースされた件数
⑤リリースの平均コストまたは時間
⑥カスタマ（ユーザ）満足度
⑦リリース前のテストで発見されたバグの数
⑧リリース後に発見されたバグの数
⑨ユーザのトレーニングを開催した回数
⑩更新されなかったCMDBの件数
⑪緊急リリースの件数

　すでにインストールずみのソフトウェアはCIとして識別されているはずなので，当然，DSLに保管されている必用があります。このため，①の数が多いようであれば，それはリリース管理プロセスに不備があることになります。また，リリース管理プロセスが十分に機能していれば，リリース前のテストで発見されるバグ（⑦）は多くなり，逆にリリース後に発見されるバグ（⑧）は少なくなるでしょう。

- 注6-1　DSL
  Definitive Software Library＝確定版ソフトウェア保管庫。最終ソフトウェアライブラリともいう
- 注6-2　ITサービスを利用する側の観点
  変更管理プロセスでは技術面やITサービスの観点によるテストが実施されることがある
- 注6-3　BCP
  Business Continuity Plan＝事業継続計画
- 注6-4　CI
  Configuration Item＝構成アイテム。システムを構成するハードウェアやソフトウェアなどの総称。7章「構成管理」を参照

リリース管理▷一問一答編

疑問 6-1 リリース管理は何をするプロセスですか？

→ リリースの計画，リリースの実施，リリース後の監視，DSLのメンテナンスを一括管理します。

▶▶リリース管理ですべきこと

　リリースとは，新しいソフトウェアやそれに関係するハードウェアを本番のビジネス環境へ投入（移行）することです。ITILにおけるリリース管理とは，リリースの計画から実施，監視，DSLのメンテナンスまでの一連の流れを管理することです。

> **確認　リリース管理でするべきこと**
> ①リリースがスムーズに実施できるよう計画し，実施する
> ②リリースを実施した結果を監視する
> ③リリースに備えて，本番環境のシステム構成をアップデートする
> ④DSLのメンテナンスを行う

　リリース管理のポイントは，ITサービス部門の都合ではなく，**ビジネス部門のニーズに基づいて実施する**ことです。それによってビジネスに貢献し，リリースがスムーズに実行されなかった場合のリスクを最小限にします。
　ビジネス上の都合やシステム機器の不具合など，さまざまな理由で変更[注6-5]が行われます。リリース管理の最大の目的は，その**変更を本番環境へスムーズに移行させる**ことです。このため，変更管理とリリース管理は同一のプロセスとして扱われる場合もあり，リリース管理は変更管理を保守するプロセスであるとも言えます。

▶▶リリース管理のプロセス

　疑問5-4「実際の変更管理はどのように進めたらよいのですか？」では，ビジネスアプリケーションを例にして変更管理のプロセスを解説しました。リリース管理のプロセスは，変更管理における「変更の確認と認識」が完了してからスタ

ートします。
　リリース管理のプロセスはITサービス部門の観点ではなく、**ビジネスの観点で実施する**ことが大切です。

○ユーザアクセプタンステストを実施する
　ユーザの観点から見て、その変更は業務で受け入れることができるか、ユーザアクセプタンステストを実施して判別します。

○ビジネスの観点でリリースのスケジュールを立案する
　リリースのスケジュールでもビジネスの観点が大切です。基幹システムのリリースならば、新製品の発売など、会社にとって重要なイベントがあるタイミングで実施するのは好ましくありません。同様に、ユーザ側の責任者が不在の期間も避けるべきです。もしリリース直後にトラブルが発生した場合、ビジネスの観点による適正なリカバリー処理を実施できず、ビジネス上の損失を大きくしてしまう可能性があります。

○リリースについて十分に告知する
　リリースの内容について、事前にユーザ側へ十分に知らせておきます。場合によっては、新しい機能や変更されたビジネスアプリケーションの使い方などのトレーニングを実施する必用があります。
　トレーニングを実施しても、システムが変更された直後はユーザ側の作業に遅れが生じる可能性があります。その場合に備えて、ユーザ側とITサービス部門とで十分な準備が必要です。

○万一に備えて切り戻し計画を準備する
　事前のプロセスを完全にこなしても、リリースが必ず成功するとは限りません。このため、リリースの失敗に備えて切り戻し計画を準備します。
　切り戻し計画では、ITサービスをリリース前の状態に回復させる手順を計画します。リリースが実施されているどの時点で、どのような状況になった場合に切り戻しを実行するかを十分に検討し、あらかじめスケジュールの中に組み込んでおきます。切り戻しのタイミングを誤ると、ビジネス上の大きな損失が発生する恐れがあるためです。
　「切り戻しの準備はしていたが、肝心の時に実施できなかった」という事例は多いものです。このような事態にならないよう、切り戻し計画のテストが不可欠

です。これにはリリースの計画，リリースの準備，リリースのテストなどのプロセス中に含めるべきでしょう。

○**構成管理情報を更新する**
　リリースが正常に終了したら，変更にともない構成管理情報を更新します。構成管理情報はタイムリーに，かつ正確に更新されなければなりません。また，最新版のソフトウェアをDSLに保存して，オリジナルの最新版が確実に確保されるようにします。

> 総括
> ◎ビジネス部門のニーズに基づき，ビジネスの観点で各プロセスを実施する！
> ◎うまくいかない場合に備えて，切り戻し計画を準備しておく！

・注6-5　変更
　　　　変更については疑問5-1「変更管理はどんなプロセスですか？」を参照

第7章 構成管理

CHAPTER 7

構成管理 ▷ 基礎解説編

基礎 7-1 構成管理の目標

　構成管理プロセスでは，ITサービスを提供するために必要なすべてのITインフラストラクチャのコンポーネント（CI：構成アイテム）と構成の情報を一元管理します。これによって，サービスサポートの機能とプロセスが効率的かつ効果的に働くよう支援します。単なる資産管理とは異なり，ITサービスマネジメントの観点から，各CIの関係＝ITサービスの構成も情報として管理します。

- ITサービスに含まれるすべてのIT資産や構成を明確にする
- 正確な構成情報と関連文書を提供することにより，他のサービスマネジメントプロセスを支援する
- インシデント管理，問題管理，変更管理，リリース管理の信頼できる基盤を提供する
- 現実のインフラストラクチャと照らし合わせ，構成レコードを検証することによって，構成情報が常に正しい状態になるよう管理する

▼構成管理のプロセスの主要なインプットとアウトプット

主要なインプット	他の機能とプロセスからの要求
	構成アイテム情報(ITサービス部門および外部ベンダーからの情報)
	ITサービス管理ツール，インタフェース
主要なアウトプット	CMDB
	DSL
	構成管理レポート
	顧客満足度

基礎 7-2 構成管理の活動

　構成管理プロセスで大切なのは，実際にCMDBを利用して業務を効率化する人……すなわち「顧客は誰なのか？」ということです。これを理解していないと，

無駄に大きくて、必要な情報が登録されていないCMDBを構築してしまう恐れがあります。これは「どこまでの範囲の、どこまでの深さの構成情報をCMDBに登録するべきか？」を議論する上でも重要です。

構成管理は「IT資産管理」のプロセスに似ていますが、まったくの別物です。IT資産管理の目的は、すべてのIT資産を識別して管理することです。このため、通常はすべてのIT資産に管理番号を割り当てて、会計処理上の資産情報として扱います。一方、構成管理の目的は**ITサービスを効果的に実施する**ことです。このため、構成管理とIT資産管理で管理する情報が一致するとは限りません。

例えば、完全に標準化されたPCの構成情報[注7-1]は、構成管理においては1つでも足ります。すべてのPCがまったく同じスペックであるなら、その構成情報をPCの台数と同じだけ管理する必用はないためです。その反面、資産価値がないコンポーネント[注7-2]であっても、構成情報として重要なものは登録しなければなりません。一方、IT資産管理ではPCすべてを資産として扱うので、標準化されたPCの構成情報であっても台数分だけ登録する必用があります。

▶▶ 計画立案（Planning）

構成管理自体を設計し、計画を立案します。CMDBを利用する、サービスサポートの他のプロセスの要求を反映させて、組織やグループの条件、ITサービスやテクノロジの環境などを考慮します。計画立案では、以下の項目を明確にします。

- 構成管理の目的、適用範囲、達成目標[注7-3]
- 考慮すべきITサービスをサポートするグループのポリシー、標準、プロセス
- 構成管理の役割と責任
- CIの命名規則
- 構成管理活動を有効にするためのプロセスや手順、管理
- 構成の監査と検証
- CMDBの設計
- ライセンス管理
- 主要なリソース、マイルストーン（スケジュール）、構成管理の実施までに必要な作業負荷

◯ CIの属性の提案

CMDBで使用可能な属性の例を次に述べる。ハードウェアのCIタイプは、ソフトウェアのCIタイプと異なる属性を持つことに注意すること。

属性	概要
CIの名前	このタイプのCIが知られている個別の名称
コピー番号あるいは製品番号	このCIの特定の実体を個別に識別する番号。例えば、ソフトウェアのコピー番号、ハードウェアの製造番号
カテゴリ	CIの分類。例えば、ハードウェア、ソフトウェア、文書など
タイプ	カテゴリ情報を詳述したCIの説明。例えば、ハードウェア構成、ソフトウェア・パッケージ、ハードウェア・デバイス、もしくは、プログラム・モジュール
モデル番号（ハードウェア）	CIのモデル。例えば、サプライヤのモデル番号と一致する番号
保証期限	CIのサプライヤ保証が切れる日
バージョン番号	CIのバージョン番号
場所	CIの場所、例えば、ソフトウェアCIが保管されている書庫、もしくは、媒体、またはサービスが提供されているサイト／部屋
所有責任者	CIの責任者の名前、あるいは称号
責任開始日	上記所有者がCIの責任者になった日付
ソース／サプライヤ	CIの開発元、例えば、社内で開発された、xxxx企業から購入したなど
ライセンス	ライセンス番号、あるいはライセンス契約の参照
提供日	CIが組織に提供された日付
受け入れ日	CIが十分にテストされて、組織に受け入れられた日付
ステータス（現在）	CIの現ステータス。例えば、「テスト中」「稼働中」「アーカイブ」
ステータス（スケジュール）	次にスケジュールされているCIのステータス（日付、もしくは、そのステータスの変化を引き起こすイベントの表示）
親CIとの関係	このCIの「親」の名前／コピー番号／型番といった、CI特有の識別子
子CIの関係	このCIの全ての「子」に特有のCI識別子
関係	「親」「子」以外のすべてのCIとの関係（例えば、このCIは他のCIを「利用する」、このCIは他のCIと「接続される」、このCIは他のCIに「常駐する」、このCIは他のCIに「アクセスできる」）
RFC番号	CIに影響をおよぼす、すべてのRFCの識別番号
変更番号	CIに影響をおよぼす、すべての変更レコードの識別番号
問題番号	CIに影響をおよぼす、すべての問題レコードの識別番号
インシデント番号	CIに影響をおよぼす、すべてのインシデント・レコードの識別番号
備考	備考欄はコメントの記入に利用される。例えば、このCIのバージョンが以前のバージョンとどの様に異なるかについて記述

RFC、変更レコード、パッケージ・リリース・レコード等に関しては、変更によって影響を受けるCIの名前、コピー番号、モデル番号、バージョン番号、また、どのような影響を受けるか、CMDBに記録されるべきである。復元の道筋や、復元の結果も記録されるべきである。

▶▶ 識別（Identification）

　ITインフラストラクチャの構成を必要なレベルまで分解して識別し，ラベル付け[注7-4]をしてCMDBに登録します。この時，必要な詳細度（情報の広さと深さ）のバランスを考えることが重要です。以下は識別されるコンポーネントの例です。

- ハードウェア（ネットワークや周辺機器も含む）
- OSを含む基本ソフトウェア
- 独自に開発，構築したビジネスアプリケーション
- 商用のパッケージソフトウェア，データベース
- アプリケーションやデータベース間などのデータのやり取り
- SLA，インタフェースの仕様，ライセンス，保守契約書などの文書

▶▶ コントロール（Control）

　CIの使用開始から廃棄にいたるまで，すべてのCIが正しく識別されて，CMBDによって確実に管理されるようにします。すべてのCIは承認なしで追加，または廃棄されることがあってはいけません。また，変更後リリースされたCIが確実に更新されるプロセスを確立します。それには変更管理やリリース管理のプロセスとの連携が必用です。

▶▶ ステータスの説明（Status Accounting）

　各CIのステータスが確認できるようにします。ITサービスを構成するCIは多種多様です。CIの中には現在稼働中のもの，テストとして使われているもの，廃棄予定のものなどがあります。これらのステータスを知ることによって，例えばワークアラウンドを適用する際などに，使用できるCIと使用できないCIを確認できます。ステータスの例としては，「開発中」「テスト中」「稼働中」「回収済み」などが考えられます。

▶▶ 検証と監査（Verification and Audit）

　ITインフラストラクチャの構成がCMDBの情報と一致しているか検証します。不一致が発見されたならば，その原因を追究して改善します。いわゆる「棚卸し」をITインフラストラクチャで実施すると考えればよいでしょう。
　ITサービス管理ツールの中には，ネットワーク上のITインフラストラクチャの構成情報を自動的に収集するものがあります。これを使えば毎日検証すること

も可能ですが，構成情報と自動収集される情報は完全に一致するわけではないので，年数回の定期的な検査・監査は必用です。

基礎 7-3 ソフトウェアライセンスを管理する

　構成管理ではハードウェアだけでなく，ソフトウェアのライセンスも構成情報として管理します。これによって未使用のライセンスが判明すれば，不要なライセンス費用を削減できます。また，構成情報として登録されていないライセンスを確認すれば，ソフトウェアの不正使用の防止につながります。これはコンプライアンス（法令順守）の観点からも重要です。

　これらを実践するため，以下のようなプロセスが重要です。

▶▶ 構成管理データベース（CMDB）を活用する

　これまでのサービスサポートの機能やプロセスについての解説で，CMDBがたびたび登場してきました。CMDBはITサービスに関連する構成情報を一元管理するデータベースです。構成管理プロセスを効率的かつ効果的に実施するには，CMDBの利用が不可欠です。これは構成管理以外の機能やプロセスでも同様なので，CMDBにはハードウェア／ソフトウェアの情報のほか，インシデント，問題，既知のエラー，変更，リリースなどすべての情報を保持するべきです。

　なお，非常に小さなITインフラストラクチャであれば，CMDB専用ツールではなく，Excelなどの表計算ソフトで間に合う場合もあります。

▶▶ DSLの活用

　リリース管理プロセスと同様，構成管理においてもDSLは重要です。詳細は基礎6-4「リリース管理とDSL」を参照してください。

▶▶ 構成ベースラインの識別

　急速なビジネスの変化に合わせて，ITサービスやITインフラストラクチャは変更されていきます。そこで重要なのが構成ベースラインです。ある時点での（信頼できる）構成を基準にして構成ベースラインを作成します。インシデントが発生した際，構成ベースラインは原因を突き止めるための基準として利用できます。また，切り戻しポイントとして利用すれば，構成ベースラインに記録され

ている構成まで戻ることができます。

▶▶命名規則（Naming Conventions）

CI，文書，構成ベースライン，いくつかのCIを含む（親子関係）ものに対する命名規則を確立します。命名規則では，以下の管理が実施されることを考慮します。

- ・構成構造におけるCI間の階層的な関係
- ・各CIの階層的もしくは従属的な関係（親子の関係）
- ・CIと関連文書との関係
- ・文書と変更の関係
- ・インシデントと変更の関係

▶▶構成管理と他のプロセスの関係

構成管理はサービスデスク，インシデント管理，問題管理，変更管理，リリース管理と相互に深く関わっています。CMDBが「必要とされる正確な情報」を提供できれば，これらのプロセスの効率は劇的に向上します。一方，変更管理やリリース管理においてCIの変更が行われた場合，CMDBが正しく更新されなければデータベースとしての信頼性が低下します。

▼ **構成管理と他のプロセスの関係**

```
開始
  ↓
インシデント  ←→ CMDB
  ↓
問　題       ←→
  ↓
既知のエラー  ←→
  ↓
変更要求     ←→
  ↓
変更の許可   ←→
  ↓
変更のテスト、実装、リリース ←→
  ↓
終了
```

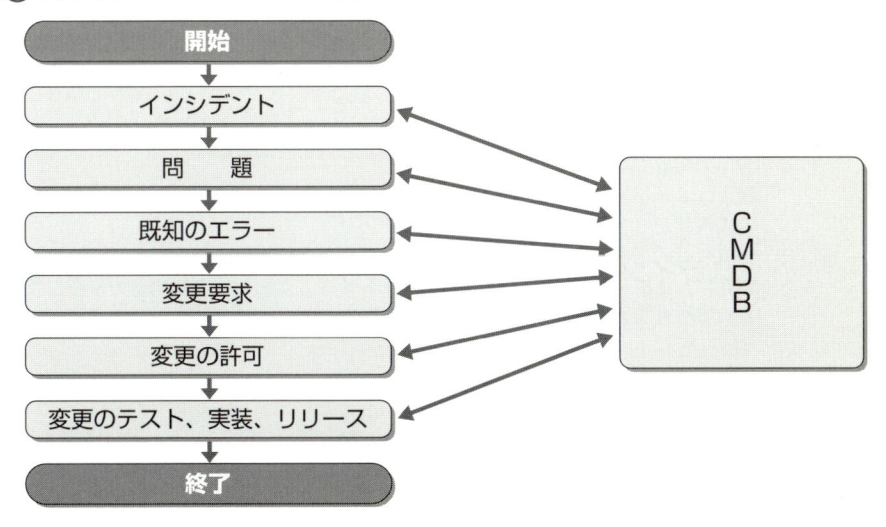

基礎 7-4 構成管理のKPI

構成管理プロセスを評価するためのKPIは，以下のような項目が考えられます。

① 承認されていない構成の件数
② 未使用のソフトウェアライセンス数
③ 未許可のコンポーネント数
④ 不正確なCMDBが原因で却下されたRFCの件数
⑤ 間違って登録されたCIが原因で変更が失敗し，インシデントが発生した件数
⑥ CMDBの不具合が原因で発生したSLA違反の件数
⑦ 不正確なCIの割合
⑧ 顧客（ユーザ）満足度

　社内のITインフラストラクチャ内に未承認の構成（①），未使用のソフトウェアライセンス（②），未許可のコンポーネント（③）などが多数あるということは，構成管理のプロセスがうまく機能していないことを意味します。⑥の「CMDBの不具合が原因で発生したSLA違反」とは，例えば「CMDBが停止した」「CMDBの情報が正しくない」などの理由で必要な情報を引き出せなくなったため，SLAで合意しているサービスレベルを達成できない場合などが該当します。

- 注7-1　完全に標準化されたPCの構成情報
  　ビジネス部門ですべて同じメーカ・同じ型番・同じスペックのPCを導入している場合などは，構成情報も同じになる
- 注7-2　資産価値がないコンポーネント
  　例えばオープンソースのソフトウェアを使用している場合，資産価値はなくても構成情報としては重要である
- 注7-3　構成管理の目的……
  　例えば，構成情報を利用するインシデント管理，問題管理の担当者の要望が反映されるべきである
- 注7-4　ラベル付け
  　実際にラベルを貼らないこともある

構成管理 ▷ 一問一答編

疑問 7-1 構成管理のプロセスでは何を管理するのですか？

→ ITILの1つの機能と10個のプロセスを効率的かつ効果的に実施できるように、ITの構成要素を明確にして管理します。

▶▶ 構成要素を明確にする

　構成管理では、顧客やユーザにITサービスを提供するために必要な**ITの構成要素（CI）を明確**にします。そして構成要素を管理することによって、1つの機能と10個のプロセス[注7-5]を効率的・効果的に実施できるようサポートします。

　顧客やユーザからのさまざまな要求に対応し、SLAで合意したサービスを提供するためには、構成管理のプロセスは重要です。構成管理は以下の5つの活動から成り立ちます。

○ ［1］計画立案
　構成管理の目的と適用の範囲を明確にします。また、構成管理を実施するにあたってのポリシーの作成、必要なITサービス部門の構築、テクノロジの選択などを行います。

○ ［2］識別
　ITのコンポーネント（ハードウェアやソフトウェア）の技術的構造の情報をCIとして識別します。また、所有者やコンポーネント間の相互の関係などを識別して、CIにラベル付けをします。これらの情報をCMDBに登録します。

○ ［3］コントロール
　登録されたCIが削除／廃棄されるまで、それらが正確かつ有効であることを保証します。

○ ［4］ステータスの説明
　CIの変更やステータスの更新などの履歴を報告します。

○ [5] 検証と監査

物理的にCIを検証し，CMDBに登録されたCIの情報が正しいかどうかを検証します。

▶▶ 構成管理の対象となる構成要素

構成管理の対象となる構成要素には，以下のようなものがあります。例えば，ユーザがビジネスアプリケーションを使用している最中にインシデントが発生した場合，その情報はサービスデスクやインシデント管理のIT要員に伝えられます。その際，これらの構成要素の情報が明確であり，かつ正しく管理されていたならば，解決までの時間は大幅に短縮されます。

- ハードウェア（ネットワーク機器，メインフレーム関連，サーバ関連，パソコンなど）
- ソフトウェア（メインフレーム，サーバ，パソコンなどで使用されるもの。市販パッケージのほか，独自開発のアプリケーションも含む）
- OS
- システムやサービス関連のドキュメント，資料
- SLA，OLA，外部サプライヤ間とのUC（請負契約書）など
- ソフトウェアライセンス契約書，保守契約書
- ハードウェア保守契約書
- RFCおよび変更実施書

構成要素＝ITサービスを提供するために必要なものと考えた場合，会社の組織やそこに所属する人員が含まれる場合もあります。構成要素の範囲は，提供されるITサービスと，それによって設定される構成管理の達成目標によって決定されるのです。

▶▶ 構成要素間の関係を明確にする

構成管理とは，単にハードウェアやソフトウェアの型番やバージョンなどを記録することではありません。構成管理において難解なのは，**構成要素間の関係を明確にする**ことです。ある工場の生産管理システムと受注出荷システムを例にして考えてみましょう。

工場で生産された製品は，出荷倉庫へと搬入されます。その製品数の情報は，生産管理システムから受注出荷システムへ送信されます。しかし，生産管理シス

テムでインシデントが発生すると，製品数の情報は送信されません。つまり，出荷倉庫には在庫があり，受注出荷システムも正常に稼働しているのに，製品の在庫数を管理できないために出荷が停止する事態が発生し得るのです。

　このような基幹系のシステムでは，異なるシステムどうしが深く関係していることは誰でも想像できます。しかし，さまざまな基幹系システムや工場などが互いにどう関係しているか，その詳細を理解するのは困難です。このため，インシデントを発生させる可能性がある構成要素間の関係を明確にして，文書化しておくことが大切なのです。

　これが社内LANやWAN，多数のサーバなどのハードウェアやソフトウェアになると，お互いの関係はさらに複雑です。そこで必用になる専門知識は膨大であり，すべての情報を管理するには手間とコストがかかり過ぎます。だからといって，情報がなければ構成管理のプロセスは機能しません。つまり，バランスのよい構成要素の識別と関連情報の構築，すなわち，**最小の情報量で最大の効果が期待できるCMDBを作ること**が大切なのです。

　構成管理における構成要素の識別は，あくまでもビジネスのニーズに合ったものであるべきです。IT関係者には技術的な指向が強い人が多いため，非常に詳細で巨大なCMDBを構築したがる傾向があります。それは自己満足的な行動であり，ビジネスの観点からは無意味な場合があることを理解しましょう。

　筆者の意見ですが，構成管理をスタートする際は，最初からすべてのIT構成要素を管理対象にしないほうがよいでしょう。CMDBがもっとも活用されそうな特定の範囲，例えば，データセンター内の特定のビジネスプロセスにITサービスを提供するサーバ群などに絞り込んでスタートし，経験値に基づいて必要／不要な構成情報を明確化しながら，横展開をはかり構成管理を完成させるのです。これが構成管理を成功させるコツの1つだと考えられます。

> **総括　構成管理のポイント**
> ◎ITサービスを提供するために必要なITの構成要素を明確にして管理する！
> ◎構成要素どうしの関係を明確にする！
> ◎無駄に詳しくて巨大なCMDBではなく，コスト効率のよいCMDBを目指す！

疑問 7-2　CMDBとは何ですか？

→ 識別された構成要素を記録し，保持するデータベースです。その情報を必要とする部署や要員がいつでも利用できるように整備します

▶▶ CMDBの機能と役割

　CMDB（構成管理データベース）は一般的なデータベースと同じものです。ただし，その目的は**ITサービスに関連する構成情報が常に正しく，最新の状態であるよう維持管理すること**，**情報を必要とするIT要員に対して，いつでも提供できるようにする**ことです。

　構成管理では何らかのツールの利用が不可欠です。組織やITサービスの規模が小さければ，表計算ソフトや簡易型データベースでCMDBを構築することでも対応できるでしょう。しかし，近年の技術革新のスピード，仮想的なIT組織体系（遠隔サポートなど）の運用などを考えると，それでは力不足であることが少なくありません。構成管理の効率と効果を考えれば，市販のCMDBツールを使用するのが得策です。

　また，CMDBツールは以下の要素との連携を考慮するのがよいでしょう。

- 変更管理とリリース管理（これらは構成要素が変更されるきっかけになる）
- ソフトウェアの新バージョンを自動的に配布するツール
- 無許可でソフトウェアのインストールやハードウェアの追加が行われた場合に自動検出するツール

▶▶ CMDBに含まれる要素

　CMDBにはITサービスに関連するすべての構成要素の情報が含まれます。それに加えてサービスデスク，インシデント管理，問題管理で扱われる情報も記録して，すべてを一元管理するべきです。その結果，CMDBはサービスデスクを中心に使われるIT運用管理ツール[注7-6]と連携・統合することになります。最終的に，CMDBとITサービス運用ツールは同一と考えることができます。

　ITサービスに関連する全情報を一元化することによって，CMDBはもっとも価値のあるデータベースへと発展します。このため，ナレッジデータベースとし

て位置づけて運用される場合が多いのです。

　CMDBが正常に機能すれば，効果よく構成管理プロセスを実施して，最新の構成情報をすべてのIT要員とタイムリーに共有できるようになります。これは「1つの機能と10個のプロセス」の効果的なサポートにつながります。また，インシデントの解決策やワークアラウンドの情報など，技術情報と経験値に基づいた価値のある情報が共有されることによって，IT要員のスキル向上にも役立ちます。

> **総括**
> **構成管理データベースに課せられた義務**
> ◎ITサービスに関連するすべての構成要素の情報を一元管理する！
> ◎そこにある情報を常に正しく，最新の状態に維持管理する！
> ◎情報を必用とするIT要員に対して，いつでも提供できるようにする！

疑問 7-3 構成管理のコントロールで使われるインフラがよく理解できません

→ ①CMDB，②ソフトウェアと文書の書庫，③確定版ソフトウェア保管庫，④ソフトウェアのライセンス管理の4つがあります。

▶▶ CMDBを最大限に活用する

疑問7-2「CMDBとは何ですか？」でも触れたように，構成管理においてCMDBは必須です。CMDBはITサービス部門全体で活用されることによって，最大の効果を発揮します。したがって，CMDBは複数のIT要員が同時にアクセスできること，そこにあるデータが最新かつ正確であると保証されることが必用です。

CMDBを活用すると，CIの登録・破棄やステータスの更新などに伴うすべての更新履歴を作成できます。これによって，CIに関連するステータスの追跡が可能になります。

▶▶ ソフトウェアと文書の書庫

CIとしてコントロールされるべきソフトウェアやドキュメント（文書）を保管する場所です。この書庫を活用すると，開発中のシステムでもCIとして適正に管理できます。物理的な書庫とするか，あるいはサーバ上の電子ファイルとしての書庫とするかは，目的に応じて効率のよい方を選択します。

▶▶ 確定版ソフトウェア保管庫

CIとして識別されたソフトウェアのうち，「重要な位置づけのバージョン」のソフトウェアの保管庫です。自社開発の業務用アプリケーションであれば，開発が完了してリリースされた時点のバージョンなどが保管の対象です。パッケージソフトウェアであれば，現在までの各バージョンのマスターコピーを保管することになります。

これらのソフトウェアは開発や変更などからは隔離して，間違えて内容が書き変えられることがないよう対策を講じる必用があります。火災や地震など，防災上の対策も重要です。

▶▶ ソフトウェアのライセンス管理

　構成管理のプロセスにおいて，ソフトウェアの管理は重要項目の1つです。構成管理のKPIとしても，「購入したのに使われていないソフトウェアライセンスの数」「購入していないのに使われている不法ソフトウェアの数」が挙げられています。コスト効率の向上，TCO[注7-7]の削減を常に求められている中で，未使用のライセンスの費用は無視できません。また，法律に反した企業活動は社会的に糾弾され，会社の経営者は辞任に追い込まれる時代です。ソフトウェアのライセンス管理は，効果的かつ正確でなければなりません。

　例えば，年に数回しか使わない，またはある特定の時期にしか使わないソフトに対して，多くのユーザがライセンスを所有している場合があります。このようなケースでは，ライセンスを一元管理して必要な時だけ使用を許可すれば，全体のライセンス数を半減することも可能でしょう。あるいは固定ユーザ使用権ではなく，同時ユーザ使用権を使う[注7-8]ことで費用を削減できるかもしれません。

　これらの管理のベースとなるのが，ソフトウェアをCIとして管理するCMDBなのです。CMDBの情報をもとにライセンス使用状況のレポートを作成し，ユーザ側の管理職に報告します。そしてレポートを確認して，コスト意識の向上のために不要なライセンスを削減します。

　現在は違法ソフトウェアをインターネットで簡単に入手できるため，違法ソフトウェアの監視は困難です。最新の監視ツールの中には，ネットワーク上の全ノードの構成情報を自動的に取り込む機能を備えたものもあります。そのようなツールを導入するのも1つの方法ですが，適正なセキュリティポリシーの作成，社員教育の徹底，ユーザ環境の抜き打ち検査を実施するなど，違法ソフトウェアの使用を防ぐ対策が不可欠です。

総括　構成管理のコントロールで使われるインフラ

- ◎CMDBはITサービス部門全体で活用する，ITサービスの基盤になるデータベースである！
- ◎ソフトウェアと文書の書庫はCIのソフトウェアや文書を保管する！
- ◎確定版ソフトウェア保管庫は重要なバージョンのソフトウェアを保管する！
- ◎ソフトウェアのライセンス管理は無駄なライセンスを無くし，同時に違法ソフトウェアの排除を目的とする！

疑問 7-4 「属性」と「関係」はどう違うのですか？

> 「属性」は個別のCIの特徴を示すために必要な項目，「関係」は個々のCI間の依存性や従属性などを示す項目です。

▶▶ 属性と関係は何を意味するのか？

　構成管理ではCIの「属性」と「関係」の管理が重要です。意味を混同しやすい用語なので，整理しておきましょう。

　ITILにおける属性は「個別のCIの特徴を示すために必要な項目」，関係は「個々のCI間の依存性や従属性などを示す項目」を意味します。アプリケーションならばメーカー名，バージョン，ライセンス条件，管理用に割り付ける番号，所有者[注7-9]などの情報は属性です。一方，アプリケーションAを稼働させるためにアプリケーションBから送信されるデータが必須ならば，それはアプリケーションAとBの関係として扱います。

　一般的な例として，パソコンの属性と関係を挙げてみましょう。

▼パソコンに関する属性の例

項目	概要
CIの名前	ABC0001
製品名またはタイプ	ラップトップ　ABC-4000
メーカー名	HP
シリアルナンバー	CNX55110PQRS
保証期間	09/2007
OS名	Windows XP Professional
所有者およびマネージャ名	山田太郎
所得日	9/11/2006
ステータス（現在の状況）	稼働中

▼パソコンに関する関係の例

項目	概要
使用ビジネスアプリケーション	生産管理，原材料，受注出荷請求，ワークフロー
他CIとの関係	外付けHDD＝ABD-0002
	ネットワーク＝イントラネット
過去のインシデント履歴（インシデントレコード）	TR2345，TR2567
過去の変更履歴	メモリ交換

　このパソコンはネットワーク環境に接続して使用されるので，そのネットワーク上のCIと接続された関係があります。また，接続している外付けHDDがそのパソコンだけで利用可能ならば，そこには"親子の関係"があります。また，現在までに発生した障害や変更などに関連した情報との関係も記録されるべきです。

▶▶ 属性と関係の情報は何の役に立つ？

　属性と関係の情報は，「1つの機能と10個のプロセス」を効果的にサポートします。例えば，あるビジネスアプリケーションでインシデントが発生した場合，共通する属性[注7-10]を持つパソコンで同じインシデントが発生していないか，すぐに特定できます。これによってビジネス復旧までの時間が短縮し，可用性が向上します。同様に，問題管理における根本原因の特定と解決策の策定，将来の標準化を見据えたIT関連機材の購入計画，適切なキャパシティ計画などにも貢献するでしょう。

　属性や関係の適用範囲を広げ過ぎると，構成管理にかかる手間も膨大になりま

す。あくまでも最小のCMDBを構築して，最大の効果を発揮させることを目標にすることが必要です。まずは特定のシステム，サーバ，グループなどに限定して構成管理をスタートさせて，ビジネス上の必要性に応じて属性や関係を見直し，少しずつ本格的なCMDBを構築していく手法をお勧めします。

> **総括　属性と関係**
> ◎属性は個別のCIの特徴を示すために必要な項目である！
> ◎関係は個々のCI間の依存性や従属性などを示す項目である！
> ◎属性と関係の適用範囲を広げすぎないよう注意する！

- 注7-5　1つの機能と10個のプロセス
  これらはITILの「サービスサポート」と「サービスデリバリ」で解説されている。疑問1-7「ITサービスの『マネージャ』とは何をする人のことですか？」など参照
- 注7-6　サービスデスクを中心に使われるIT運用管理ツール
  これはITサービスを可視化するのためのツールのことである
- 注7-7　TCO
  Total Cost of Ownership。総所有コスト
- 注7-8　同時ユーザ使用権を使う
  この反対に同時ユーザ使用権数を減らし，固定ユーザ使用権を増やすほうが費用を削減できる場合もある
- 注7-9　所有者
  この場合の所有者はITILにおける顧客やユーザになる
- 注7-10　共通する属性
  同じバージョンのWindowsを使用している，同じメーカー製のHDDを内蔵しているなど

第8章
サービスレベル管理

CHAPTER 8

基礎 8-1 サービスレベル管理の目標

　サービスレベル管理（SLM）のプロセスでは，顧客のビジネス要件に対して，最も費用対効果が高いITサービスを提供することを目標としてSLA（サービスレベル契約）を作成します。そしてSLAで合意した内容に基づき，計測，監視，報告などの活動を実施します。サービスレベル管理の活動を通じて，ビジネスとITサービスの融合を実現させます。

- ITサービスに対する真のビジネス要件を明確にする
- 真のビジネス要件に対して，もっとも費用対効果が高いITサービスのレベルについて合意する
- 定期的にITサービスの成果に対する計測，評価，報告と改善のための合意をする
- 低品質のサービスを取り除き，ITサービスの品質を維持／向上させるための活動を主導する
- 顧客（ビジネス部門）とIT間のよりよい関係を構築する

　ITILはITサービスマネジメントのフレームワークです。ITサービスマネジメントを実践するにあたっての方向性，プロセス，手順などについて，ITILの考え方や手法をもとにして判断します。SLAはその基準であり，他のすべての機能やプロセスの基盤であるといえるでしょう。

　サービスレベル管理の活動は，SLAの作成とその維持管理であると考えて間違いはありません。SLAを通じて顧客のビジネス要件を明確にし，コストに見合ったITサービスを提供することを合意し，ITサービスの品質を計測，監視，報告し，継続的改善（CSIP）について合意します。
　SLAの意義はただ文書化することではなく，**SLAの内容を日々運用して維持・管理する**ことです。その結果として，ITサービスのレベルはビジネス要件に最も適合した形に変化していくのです。

▼ SLMプロセス

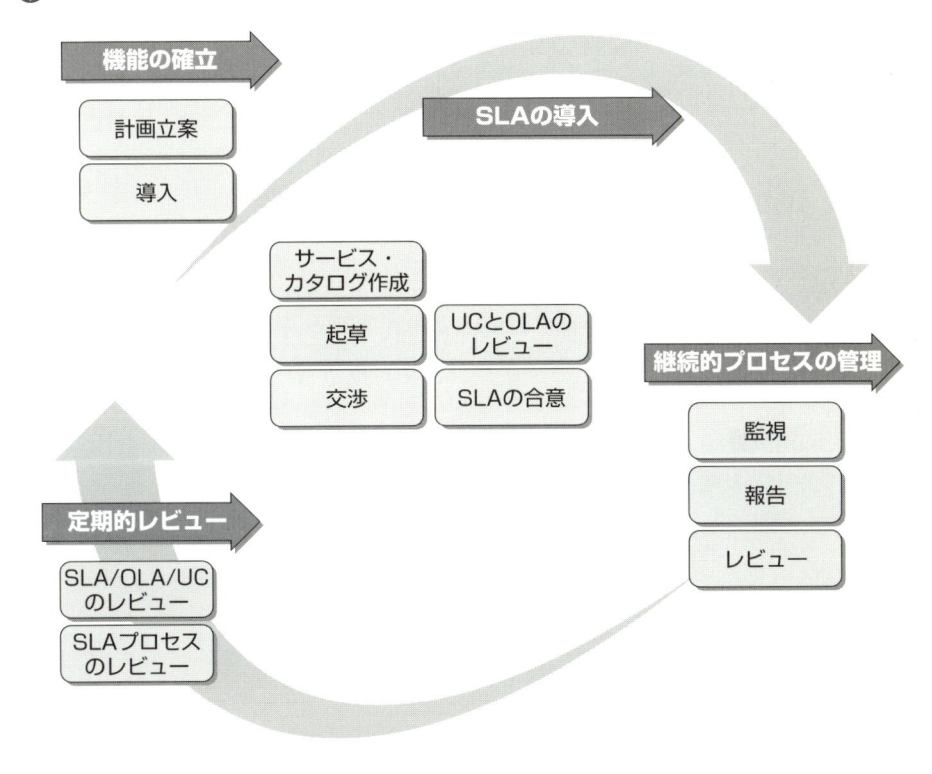

機能の確立
- 計画立案
- 導入

SLAの導入
- サービス・カタログ作成
- 起草
- UCとOLAのレビュー
- 交渉
- SLAの合意

継続的プロセスの管理
- 監視
- 報告
- レビュー

定期的レビュー
- SLA/OLA/UCのレビュー
- SLAプロセスのレビュー

基礎 8-2 サービスレベル管理の活動

サービスレベル管理の活動を大きく分けると，以下の4つに集約されます。

○機能の確立
サービスレベル管理そのものの計画を立案し，導入します。

○SLAの導入
SLAを起案し，顧客と交渉して合意します。また，SLAを有効なものとするために，必要に応じてOLA（オペレーショナルレベル契約）とUC（請負契約）を整備します。

○継続的プロセスの管理

SLAに基づいた監視，報告，レビューを実施して，日々の改善活動を主導します。

○定期的レビュー

1年または半年ごとにSLA，OLA，UC，およびサービスレベル管理自体のレビューと改善活動を行います。

▶▶ サービスレベル管理におけるSLA

SLAはITサービス部門と顧客との間で文書化された合意です。SLAでは当事者であるビジネス部門とITサービス部門の責任を定義し，それについて合意することが大切です。一方が他方から賠償金を得る手段としてSLAを使うべきではありません。SLAを通じて，ビジネスとITとの良好な関係構築が行われます。

SLAは会社の組織やITサービスの形態に応じて，最も適した内容であるべきです。大きく分けて，SLAには以下の3つの体系があります。

○サービスベース

サービスごとに，それを利用する全顧客を対象にしたSLAです。1つのサービスの範囲でまとめることが可能であり，サービスの内容を理解しやすいことが特徴です。その代わり，顧客ごとに具体的なサービス要求が異なる場合や，地域的にITインフラストラクチャの能力に制限がある場合を考慮する必要があります。

○顧客ベース

独立した顧客ごとに，提供されるITサービスをまとめた体系のSLAです。顧客の観点から理解しやすく，IT部門は合意する顧客を1人に特定できるというメリットがあります。

○マルチレベル

扱いやすいサイズを維持する，不要な重複をなくす，SLAの変更および更新の頻度を低減する，ということを目的としたSLAの体系です。例えば，社内に複数のサービスがあるけれど，その内容はほとんど同じだとします。この場合は会社レベルのサービスを策定して，顧客レベルで共通の部分をまとめ，顧客ごとにSLAを作成します。

▶▶ Pilot SLAの導入

　SLAの導入には多くのハードルがあります。初めてSLAを導入する際には，顧客とITサービス部門の双方が納得できるサービスレベルの項目や目標設定，SLAの運用方法などを試行錯誤しますが，簡単に合意に達するとは限りません。

　そこで，そのような状況であることを双方が理解した上で，Pilot SLA（試行版SLA）を作成するのもよい方法です。「いくつか不備があるかもしれないけれど，とにかくSLAに基づいたITサービス運用を開始して，その運用を続けながら本格版SLAの導入へとつなげていこう」という考え方です。

▶▶ SLAに関係する人物を正しく認識する

　SLAは顧客とITサービス部門との間で結ぶ合意です。その際，ITILにおける顧客とは誰か，ユーザとは誰かを正しく認識することが大切です。

　サービスレベルマネージャは顧客に対して，ITサービスのすべてに責任を持つ代表者です。サービスレベルマネージャがSLAを起案し，顧客との間でサービスレベルについて議論して，最終的にSLAを完成させて合意に至らせます。

▶▶ ITサービス部門どうしでOLAを締結する

　OLAとは，社内におけるITサービス部門どうしで交わす合意書のことです。一般に，1つのITサービスを提供するためには複数のIT部門（アプリケーション，データセンター，ネットワークなど）の協力が必要です。合意したSLAを有効確実にするために，ITサービス部門どうしで守られるべき運用プロセスや手順，責任についてOLAで合意します。OLAはITサービス部門どうしの合意書なので，IT専門用語[注8-1]も使われます。

▶▶ 社外ベンダーとUCを締結する

　UCとは，社外のITベンダーとの間で交わす請負契約書のことです。OLAと同様，SLAを有効確実にするために，ITベンダーとの間でサービスの内容を明確にして，文書化して契約します。UCは会社間の文書なので，通常は法的用語が使用された契約書になります。

▶▶ サービスカタログの活用

　現時点で顧客に提供されている，または提供されるすべてのITサービスの特徴やビジネスとの関係などをカタログ化したものです。顧客とSLAについて議論す

る際，現状のITサービスの全体像を正確に理解していない場合に使うと有効です。

▼ サービスレベルマネジメントの相関図

	SLA	OLA	UC
日本語訳	サービスレベル契約（サービスレベル合意書）	オペレーションレベル契約（オペレーションレベル合意書）	請負契約書
合意主体	顧客とIT	ITとIT（内部サプライヤ）	ITと外部サプライヤ
使用する言葉	ビジネスが理解できる言葉	ITが理解できる技術用語	ITと法律用語
ポイント	定期的な見直しが必要（CSIP）	SLAを支援する	SLAを支援する

▼ SLAとOLAはどこで締結するか？

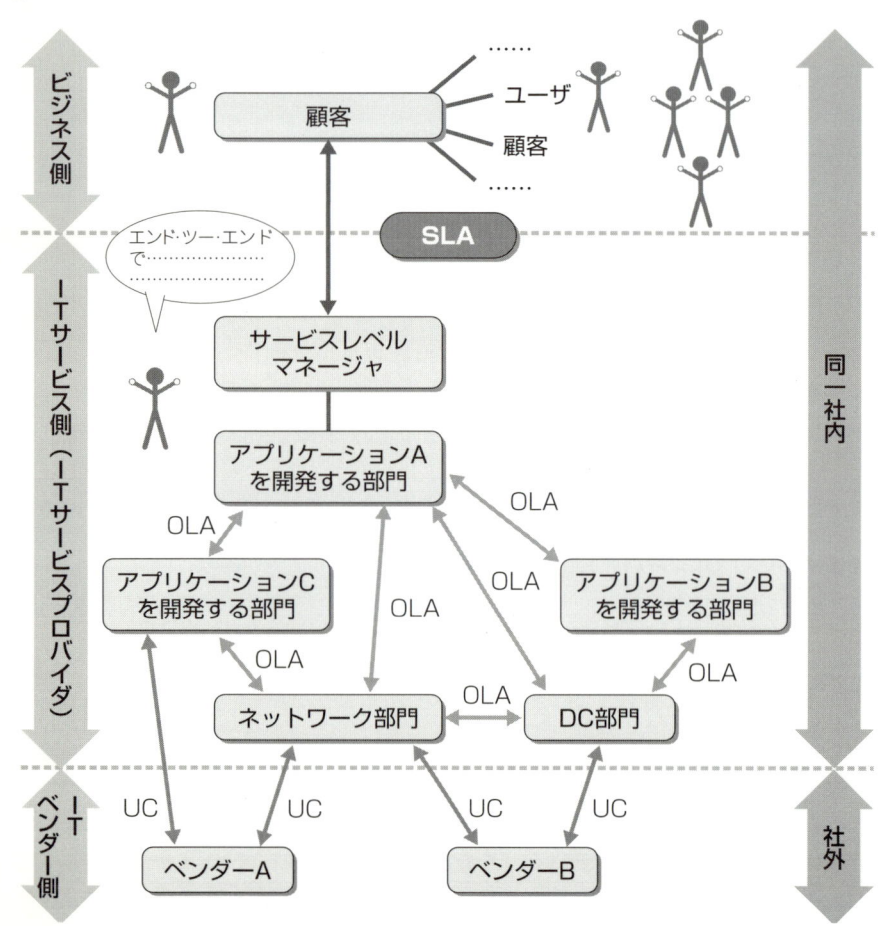

基礎 8-3 サービスレベル管理で求められること

　サービスレベル管理を実践する上で，サービスレベルマネージャの存在は不可欠です。サービスレベルマネージャはSLAを作成し，ITサービス部門と顧客との合意を誘導します。そして品質の悪いサービスを改善し，不要なサービスをなくしていきます。

　サービスレベルマネージャは社内で比較的高い地位にいる顧客と対等に渡り合うため，それにふさわしい能力が求められます。ビジネスとITサービスを理解するだけでなく，リーダーシップ，コミュニケーション力，プロジェクトマネジメントの能力，寛容性などのスキルを必用とします。

　SLAは顧客と合意する文書なので，ITの専門用語は使わず，ビジネス部門の人が理解できる言葉を使う必用があります。これはSLAに限らず，ITサービス部門から他の部門への連絡，アナウンス，説明などでも同様です。サービスレベルマネージャには，このようなことを常にコントロールできる資質が求められます。

　SLAを維持管理するためには，ITサービスの運用が可視化されている必要があります。SLAで合意した，インシデントへの対応を開始するまでの時間，インシデントを解決するまでの時間，可用性などの計測や監視ができなければ，SLAに基づいた報告とレビューを効果的に実施できません。

　SLAを作成する際は，できるだけ「ビジネス目標を達成させるためのITサービスのレベル」について議論することに注力すべきでしょう。さもなければ，客観的数値目標の議論に終始してしまいます。それでは，「ビジネスの本質に基づいた，費用対効果の高いITサービスの実現」という目的を達成できないでしょう。

基礎 8-4 サービスレベル管理のKPI

　サービスレベル管理のプロセスを評価するためのKPIは，以下のような項目が考えられます。

①SLAの合意目標を達成できなかった件数
②一応はSLAの合意目標を達成したが，数値的には未達成に近かった件数

③社外ITベンダーの責任でSLAの合意が破られた件数
④スケジュールどおりにSLA報告がレビューされた件数
⑤SLAの合意内容の変更を必要とした割合
⑥SLAによってカバーされていないサービスの件数
⑦顧客満足度

　SLAの合意目標を達成できなかった件数（①）が多い場合は，当然ながらサービスレベル管理のプロセスが十分に機能していないと考えるべきです。また，SLAの合意目標をギリギリで達成した件数（②）が多いならば，合意目標を大きくクリアするよう改善するべき場合もあるでしょう。SLAの内容を変更する必用が生じる（⑤）というのは，SLAの内容についての十分に検討されていない可能性があります。このようなことが重なると，顧客満足度（⑦）は低下します。

・注8-1　IT専門用語
　　SLAはITサービス部門と顧客の間で合意するため，顧客が理解しにくいIT専門用語はなるべく使わないほうがよい。ITサービス部門どうしの合意書であるOLAはこの限りではない

サービスレベル管理▷一問一答編

疑問 8-1 サービスレベル管理は何をするプロセスですか？

> ビジネス要件に対してコストに見合った高品質のITサービスを提供し，日々の改善を実現するためのプロセスです。

▶▶ サービスレベル管理の考え方

　サービスレベル管理（SLM）はビジネス要件に対して，コストに見合う高品質のITサービスを提供し，日々改善してゆくためのプロセスです。具体的には，SLA（サービスレベルアグリーメント）の立案から始まる以下の過程のことです。

> **確認 サービスレベル管理のプロセス**
> ①SLAの立案＆調整→②SLAの作成→③SLAの合意→④SLAに基づくIT運用→⑤結果のレビュー→⑥サービスレベルの改善についての合意＆実行

　サービスレベル管理の目標はビジネス戦略を実現させて，それによってビジネス目標を達成させることです。サービスレベル管理の活動を通じて，ビジネス部門とITサービス部門の良好な関係が構築できます。

▶▶ コストに見合うサービス

　前述のビジネス要件において，「サービスの信頼性と可用性が100％」ということはありません。信頼性と可用性が高いのはよいことですが，100％にするには膨大な費用が必要になってしまい，コストに見合わないのです。

　ビジネスを推進して目標の利益を得るためのコストは，妥当なものでなければなりません。すなわち，ITサービスにかかる**コストの正当性が証明されている**必要があるのです。そこで，「ビジネス要件に基づいた，コストに見合うITサービスのレベル」についてビジネス部門とITサービス部門が協議し，そして合意するのです。

　例えば，ある会社の基幹ビジネスで「A」というビジネスアプリケーションが使われていると仮定します。ここで以下のようなビジネス要求が出されたとしましょう。

◆ビジネスアプリケーション「A」に対するビジネス要求
- 基本的に月曜日〜土曜日の8時から23時まで，業務で使用する
- 毎日14時までには受注を行う
- 受注から24時間以内に出荷をする
- 月末締め／翌月10日付けで請求をする
- 月初めの第3稼働日に営業レポートを必要とする

　このようなビジネス要求に対して，ビジネスアプリケーション「A」のサービスレベルは以下のように設定されるでしょう。そして，これらはSLAに記述されます。

◆ビジネスアプリケーション「A」に対するSLA
- サービス時間は7時から24時まで
- サービスデスクの受付時間は9時から18時まで
- 緊急の問い合わせ先は携帯電話090-XXXX-YYYYとする
- システムの障害時，緊急の対応開始時間は30分以内
- 夜間のバッチ処理の実行を自動で監視し，結果は確認しない

　ここで行われたのは，①特定のビジネスに対するITのサービスレベルを明確にする　②そのサービスレベルについてビジネス部門と合意する　③合意したサービスレベルをコストに見合った形で日々改善し，高品質を維持して提供する——ということです。これがサービスレベル管理のプロセスです。

▶▶ サービスのベースライン

　サービスレベル管理とは別に，サービスのベースラインという考え方を理解しておくと，頭の中を整理しやすくなります。例えば，前述のビジネスアプリケーションAを使うにあたって，アプリケーションにログインするためのアカウント管理は必須です。作業者が処理速度に不満を感じないことも大切なので，そのためにはある程度のスペックを備えた業務用パソコンが欲しいでしょう。もちろん，LANも必要です。このように，**ITサービスを受ける上で，当たり前と考えられるレベルのサービス**をベースラインとして管理するのです。

　ホテルに泊まる場合，部屋がきれいで適当な広さがあり，ベッドと掛け布団，テレビ，バスルーム，トイレ，冷蔵庫，エアコンなどの設備があるのは当たり前だと考えます。これがサービスのベースラインです。

⛔ **ホテルの客室にこのような設備があるのは当たり前である**

　もし，部屋にはないドレッサーやインターネットが必用ならばホテルに要求します。あるいは，欲しいサービスがあるホテルを選択する方法もあります（もちろん，コスト的に妥当でなければ利用しない）。これがビジネス要件に基づいたサービスレベルです。

　サービスのベースラインを設定しないと，サービスレベルについて協議する際，ビジネスアプリケーションごとにあらゆる事項の詳細について議論しなければならないのです。ビジネスの観点で考えると，明らかに非効率的です。

▶▶ サービスレベルは変化する

　ビジネス部門とサービスレベルについて合意したら，そのまま不変というわけではありません。**サービスレベルはSLAを運用する過程で変化する**ということを理解しましょう。例として，ビジネス部門の顧客とIT運用の結果をレビューする場合を考えます。

　夜間のバッチ処理が正常に終了しなかったため，翌日のビジネスに数百万円の損害が発生しました。その対策を協議する席上で，「夜間でもIT要員が直接バッチ処理を監視してはどうか？」という短期的な解決策が示されたとします。

　それに対して，ビジネス部門から「その費用を負担してもいいから，インシデントの再発防止を優先したい」という意見が出て，合意に達しました。そして夜間の監視が実施されれば，サービスレベルは上がることになります。

一方，そもそもバッチ処理が失敗する確率は非常に低いので，夜中に監視するのは人件費の無駄だという考えもあります。そこで「夜間の監視はせず，インシデントに備えてビジネス部門がワークアラウンドを用意する」という合意に達したならば，サービスレベルは以前と変わらない[注8-2]のです。

> **総括　サービスレベル管理はここが大切**
> ◎サービスレベル管理は「コスト」と「改善」が重要である！
> ◎サービスレベル管理ではサービスのベースラインの設定が必須である！
> ◎サービスレベルはSLAの運用に合わせて変化する！

疑問 8-2　SLAはどのように書けばよいのですか？

> まずサービスレベルマネージャと顧客を明確にします。そして草案の作成，草案の修正と合意，ITサービスの運用，レビュー，改善策についての協議へと進みます。

▶▶ SLAの対象は誰と誰なのか？

　ITILのサービスデリバリでは，SLAを以下のように定義しています。

> **確認　サービスデリバリにおけるSLAの定義**
> SLAとはITサービスプロバイダとIT顧客の間の文書化された合意であり，重要なサービス目標値と両当事者の責任を定義している。SLAは合意することに重点が置かれなければならず，一方が他方から賠償金を得る手段として使用されるべきではない。ITプロバイダと顧客との間で真のパートナーシップが育成されるべきであり，その結果として相互利益の合意が達成される。さもなければ，SLAはすぐさま不評を招き，いかなる真のサービス品質の改善も非難のカルチャによって妨げられるであろう。

　SLAを書くにあたって，まず誰と誰が対象なのかを理解する必要があります。**SLAはビジネス部門の顧客とITサービス部門のサービスレベルマネージャとの**間で文書化し，合意される契約です。ITサービス部門どうし，あるいはビジネス

部門どうしで交わすものではありません。

次に理解するべきことはSLAの内容です。SLAは**両当事者の責任を明確にして定義する**ものです。ITサービス部門から提供される，サービスの内容とその責任についてだけ記述するのではありません。

▼ **SLAはITサービス部門のサービスレベルマネージャと顧客の間で合意する**

ビジネス部門

顧客

ITサービス部門

サービスレベルマネージャー

SLAを合意

▶▶ SLAの文書化と合意までの流れ

1つのビジネスプロセス，またはビジネスアプリケーションを範囲とするSLAの文書化と合意までの流れは以下のようになります。

なお，SLAは文書化したら終わりではなく，**合意に基づいた日々の運用**が実施されなければなりません。したがって，SLAをどのように運用するかというプロセスについても，SLA自身に記述しておくべきです。

○［1］サービスレベルマネージャと顧客を明確にする

まず，サービスレベルマネージャは誰なのか，SLAを合意する相手＝顧客は誰なのかを明確にします。顧客はそのビジネスプロセスに責任と権限を持ち，ビジネスを遂行して利益を上げ，ITサービスに要する費用を最終的に負担するビジネス部門のマネージャ（責任者）です。

○［2］サービスレベルマネージャによる草案の作成

サービスレベルマネージャは重要なビジネス要件とそれに対するITサービス要件をまとめて，SLAの草案を作成します。そのためには，SLAの範囲になっているビジネスについて，ある程度は理解する必要があります。

SLAの草案は顧客が理解できる文章で書きます。顧客はビジネス部門の人間なので，専門性が高い用語やシステムアーキテクチャの詳細な構成図など，難しいものは極力使わないようにするべきです。

○［3］草案の修正と合意

SLAの草案について，顧客とサービスレベルマネージャとの間で議論します。そして，過不足や不明確な部分の修正を加えて合意します。

○［4］ITサービスの運用

SLAに基づいたITサービスの運用を開始します。

○［5］顧客とサービスレベルマネージャによるレビュー

ITサービスを運用した結果について，顧客とサービスレベルマネージャとの間でレビュー（批評）を実施します。その席で，SLAで合意した内容を達成できたのかを確認します。通常，レビューは月1回のペースで行います。

○ [6] 改善策についての協議

　レビューの結果，SLAの合意内容を達成していないことが判明した場合は改善策について話し合い，アクションプラン（行動計画）を作成して実行します。合意内容を達成した場合でも，ITサービスが原因でビジネスに何らかの負のインパクトを与えたのであれば，同様に改善策を協議して，アクションプランを実行する必要があります。

　このアクション後にサービスレベルが上がる場合，例えば「夜間の監視要員を増員をする」などのケースでは，SLAの内容も変更されます。そのために発生する費用の負担について，顧客は合意することになります。

▶▶ SLAを合意するまでのハードル

　SLAを文書化して合意するためには，いくつかのハードルを越えなければならない場合があります。例えば，顧客がITサービスに対するオーナーシップを持っていない場合があります。このような人にSLAの話をしても，満足のいく対応は期待できないでしょう。この場合は，SLAの文書化と合意はビジネス目標を達成するための重要なアクションであることを，**地道に啓蒙する**必要があります。

　SLAの議論まで持ち込めたとしても，顧客が「コストに見合ったサービス」という考えを理解しない可能性があります。会社からの圧力を受けてビジネスを推進している顧客にとって，「社内で提供されるITサービスの信頼性や可用性が100％ではない」ということは，そう簡単には納得できないのです。この点も前記と同様，地道な啓蒙活動をするしかないでしょう。

　初めてサービスレベル管理に取り組む人にとって，いきなり完成度が高いSLAを作成するのは困難です。その場合は試行版SLA（Pilot SLA）を作成して，SLAの運用も試行的に始めるのがよいでしょう。

　SLAが整備されていない場合，KPIなど，目標値として設定すべき項目の測定が不十分である可能性が考えられます。その場合は試行版SLAに基づいて目標値を計測し，ビジネス要件とコストに見合った目標値を設定して，最終的に正規版SLAへと変化させていけばよいでしょう。

総括　SLAを書くための心構え

◎SLAは顧客とサービスレベルマネージャの間で合意する書類である！
◎SLAを文書化したら，合意に基づいて日々運用することが大切である！
◎ITサービスにうとい顧客のため，地道に啓蒙活動を行うべし！

・注8-2 サービスレベルは以前と変わらない
　　　　これについてはビジネス部門と合意しているはずなので，この場合は問題ない

SLAの合意・文書化については、以下の書籍で詳しく解説しています。
ITIL V3実践の鉄則（技術評論社）
ISBN978-4-7741-4132-9　本体1,980円＋税

第9章
可用性管理

CHAPTER 9

可用性管理 ▷ **基礎解説編**

基礎 9-1 可用性管理の目標

　可用性とは，決められた瞬間または期間において，必要とされる機能を実行するITサービス／コンポーネントの能力です。分かりやすく言い換えると，**ITサービスが必用な時間のうち，実際に提供できた時間の割合**のことです。可用性管理のプロセスの目的は，ビジネス部門に対して，費用対効果が高いITサービスを持続して提供できるようにすることです。そのためにITインフラストラクチャを整備し，それをサポートするITサービス部門の能力を最適化させます。

- ビジネス要件を基にして，必要な可用性のレベルを提供するため，費用対効果が高いITサービスを設計する
- 合意された可用性，信頼性，保守性のレベルが継続的に測定／監視されるようにする
- 可用性に影響を与えるインシデントを削減し，インシデント解決（ビジネスの復旧）までの時間を短縮する
- 会社またはビジネスのリスクに基づくITサービスの可用性の不足を認識し，日々の可用性改善を計画して実施する
- 将来のビジネス要件に基づいた，ビジネスの可用性要件を明確にする
- ITサービス，インフラストラクチャ，コンポーネントの全体的な可用性レベルの改善を目的とする可用性計画を作成し，それを維持する

　「ITインフラストラクチャの可用性が100%」というのは，ビジネス部門が必用とするITサービスが常に利用できる状態のことです。しかし，ITサービスを構成するコンポーネントは数が多くて複雑です。機械的な故障，ソフトウェアのバグ，変更時のインシデントの発生などを完全に避けるのは不可能でしょう。つまり，**可用性100%というのは，現実的にはあり得ない**のです。

　可用性100%というのは理想的ですが，それを実現するには多大な費用とIT運用の工数が必要になります。ビジネスの観点からは，そのようなコストは正当化できません。そこで可用性管理のプロセスでは「ビジネス要件に基づき，費用対効果が高くてバランスのよい可用性」のレベルを明確にします。そして，それに適合したITインフラストラクチャを整備するのです。

ビジネスを推進する上で，ITサービスには高い可用性が求められます。高い可用性を実現するためには，単一障害点をなくし冗長性を高めるだけでなく，障害の発生時に迅速に復旧できる体制が必用です。それを実現するためには，ITサービス部門とビジネス部門で正当なコストの負担がされるべきです。

▼ 最適な可能性を超えるとコストに大きな影響を与える

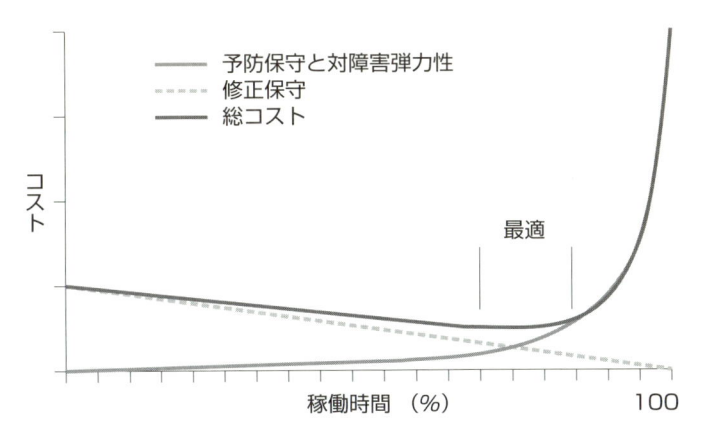

（グラフ：縦軸 コスト，横軸 稼働時間（％），凡例：予防保守と対障害弾力性／修正保守／総コスト，「最適」領域と100の目盛）

基礎 9-2 可用性管理の基本要素

　可用性管理のプロセスには以下のような要素があります。

▶▶ 可用性（Availability）

　可用性は「実際にITサービスが提供された時間÷ビジネス部門がITサービスを必要とした時間」という式で求められます。可用性は以下の項目に依存しています。

・コンポーネントの可用性
・障害に対する対障害弾力性
・保守とサポートの品質
・運用プロセスの手順と品質
・データの機密性，完全性および可用性

▶▶ 信頼性（Reliability）

信頼性とは「インシデントが発生しない／発生させないための，ITサービスの能力」です。ビジネス部門がITサービスを必要とした時間帯やインシデントの大きさに関係なく，ITサービスの中で発生する障害を計測，評価，分析して，予防対策を実施する必要があります。

▶▶ 保守性（Maintainability）

保守性とは「ITインフラストラクチャやコンポーネントの運用状態を維持し，故障や障害が発生した際に，復旧して運用状態へ回復する能力」のことです。保守性の維持は，7つの段階に分解することができます。

- 障害の予期
- 障害の検出
- 障害の診断
- 障害の解決
- 障害からの復旧
- データとITサービスの回復
- 障害発生を防ぐために適用される予防保守レベル

▶▶ サービス性（Serviceability）

外部のベンダーなどが可用性，信頼性，保守性を保障する能力です。ITサービスおよびそれを構成するコンポーネントの保守，運用を外部ベンダーに依存している場合には，サービス性の能力が可用性設計に含まれる必用があります。

基礎 9-3 可用性管理の活動～可用性計画立案

可用性管理のプロセスでは，以下のような活動を行います。

▶▶ 可用性要件の決定

ビジネス要件に基づいてサービスレベル要件を明確化し，ビジネスの可用性要件を分析します。SLAで合意する前に，必要とされる可用性レベルをITインフラ

ストラクチャが提供できることを確認します。

▶▶ 可用性設計

可用性設計では以下のプロセスが実施されます。

○単一障害点（Single Points of Failure）の確認

単一障害点とはITインフラストラクチャのボトルネックのことです。すなわち「冗長性がなく，そこにインシデントが発生するとサービス全体を停止させてしまい，ビジネスに悪影響を及ぼす可能性があるコンポーネント」のことです。

○リスク分析と管理（Risk Analysis and Management）

単一障害点や信頼性が低いコンポーネントでインシデントが発生した場合を想定して，それによるビジネスへの影響を分析，評価します。必要に応じて改善策を検討します。

○テストあるいはシミュレーション（Testing or Simulation）

設計中のITインフラストラクチャとコンポーネントは規定したレベルの可用性を維持できるか，テストやシミュレーションによって確認します。

○設計の改善（Improving the design）

可用性要件を満たせない（満たせなかった）場合は，ITコンポーネントの能力

▼ 拡張インシデント

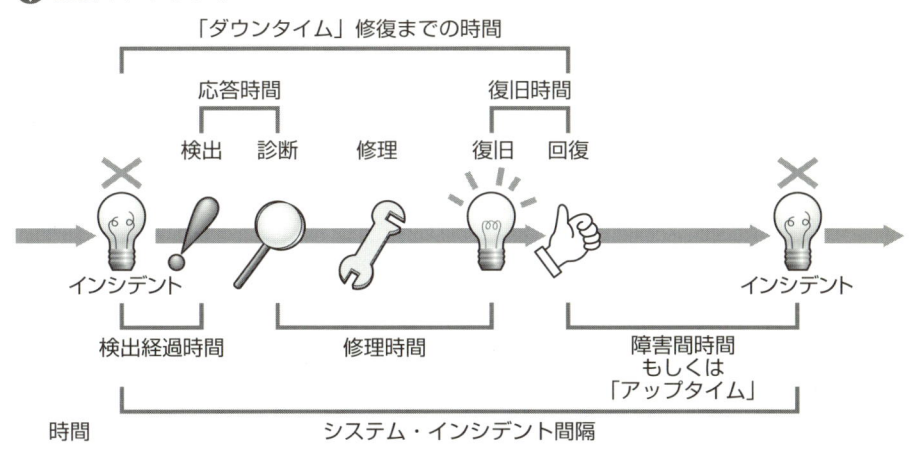

「ダウンタイム」修復までの時間

応答時間　　　　　　　　　復旧時間
検出　診断　修理　　復旧　回復

インシデント　　　　　　　　　　　　　　　　インシデント

検出経過時間　　修理時間　　障害間時間
　　　　　　　　　　　　　　もしくは
　　　　　　　　　　　　　「アップタイム」

時間　　　　システム・インシデント間隔

を再度レビューし，ITインフラストラクチャの設計を再評価して改善します。

▶▶ 復旧設計

　インシデントの発生からITサービスの復旧までの時間をできるだけ短縮させ，それによって可用性を向上させるための計画を立案します。そこには，「サービスデスク」や「インシデント管理」に対する改善の要求なども盛り込まれます。

▶▶ セキュリティの検討（Security Consideration）

　セキュリティはITサービス（データ）の機密性，完全性，可用性の能力です。可用性はもともとセキュリティの3要素の1つであり，可用性の設計には「会社のリスク」の観点も含まれる必要があります。ITILのすべての機能とプロセスには，

▼ 可用性要件の流れ

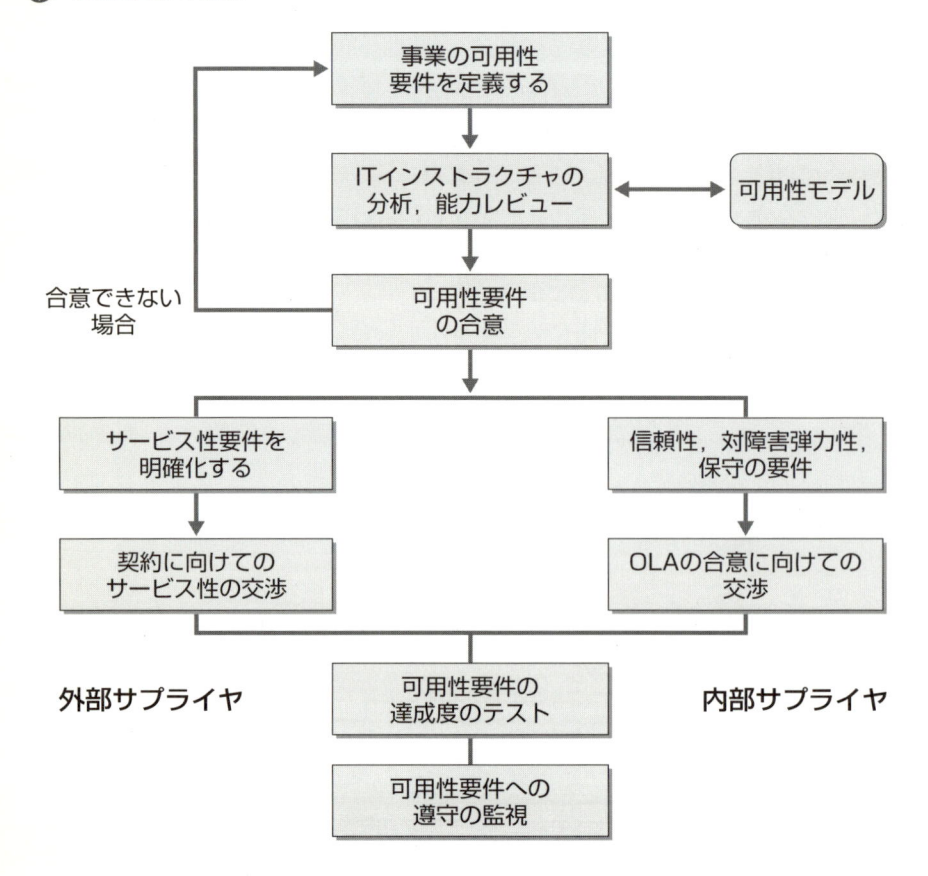

```
                    ┌─────────────────┐
                    │ 事業の可用性    │
         ┌─────────→│ 要件を定義する  │
         │          └────────┬────────┘
         │                   ↓
         │          ┌─────────────────┐       ┌──────────┐
         │          │ ITインストラク  │←─────→│ 可用性   │
         │          │ チャの分析，    │       │ モデル   │
         │          │ 能力レビュー    │       └──────────┘
         │          └────────┬────────┘
         │                   ↓
  合意できない       ┌─────────────────┐
     場合            │ 可用性要件      │
         └──────────│ の合意          │
                    └────────┬────────┘
              ┌──────────────┴──────────────┐
              ↓                             ↓
      ┌───────────────┐           ┌───────────────────┐
      │ サービス性要件│           │ 信頼性，対障害    │
      │ を明確化する  │           │ 弾力性，保守の要件│
      └───────┬───────┘           └─────────┬─────────┘
              ↓                             ↓
      ┌───────────────┐           ┌───────────────────┐
      │ 契約に向けての│           │ OLAの合意に向けて │
      │ サービス性の  │           │ の交渉            │
      │ 交渉          │           │                   │
      └───────┬───────┘           └─────────┬─────────┘
              ↓                             ↓
   外部サプライヤ    ┌─────────────────┐     内部サプライヤ
                    │ 可用性要件の    │
                    │ 達成度のテスト  │
                    └────────┬────────┘
                             ↓
                    ┌─────────────────┐
                    │ 可用性要件への  │
                    │ 遵守の監視      │
                    └─────────────────┘
```

セキュリティ活動が含まれなければなりません。

▶▶ 計画的ダウンタイムの管理

ITインフラストラクチャを保守し，可用性を維持改善するため，定期的にITサービスを停止します。それによって，保守を行う時間を確保するのです。計画的なITサービスの停止の頻度／時間はビジネスの要件によって決められます。

基礎 9-4 可用性管理の基本コンセプト

ITサービスマネジメント全般に言えることですが，**可用性管理の基本は標準化，簡素化，統合化**です。できるだけテクノロジを標準化して"種類"を減らし，ITサービスの構成を簡素化して，少ない個所で集中したITサービスの運用を行うことです。可用性管理の基本コンセプトについてまとめておきましょう。

▶▶ 可用性は顧客とユーザの満足の中心

どんなに使いやすく，高機能で処理が速いITサービスでも，インシデントが多発して必要な時に使えないのであれば，顧客とユーザの満足度はえられません。

▶▶ ITサービスの停止中でも満足度を向上させることは可能

ビジネス部門のニーズは幅広く，インシデント解決までの時間だけを追求しているわけではありません。インシデントが発生してITサービスが停止した際，「そのインシデントはどのように管理され，解決策が講じられているか？」という情報を提供するだけでも，顧客やユーザの満足度は向上します。

▼ エンド・ツー・エンドの事業およびユーザ観点

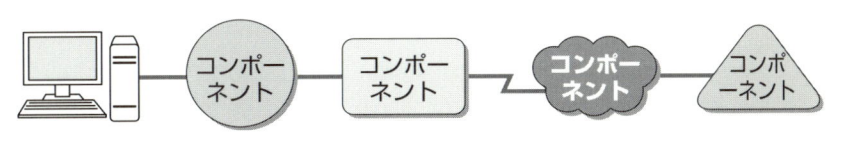

ビジネス・トランザクション

▶▶ まず，ITサービスがビジネスをサポートする方法を理解する

ITサービスがビジネスをサポートする方法を理解して，初めて可用性の改善が可能になります。各コンポーネントの可用性にばかり注力するのではなく，ITサービス全体の可用性を管理するという視点を持ちましょう。

基礎 9-5 可用性管理のKPI

可用性管理のプロセスを評価するためのKPIは，以下のような項目が考えられます。

① サービスのダウンタイム
② ITサービスを構成するコンポーネントが使えない状況だった時間
③ インシデントが発生してから，確認されるまでの時間
④ インシデントを発見してから，最初のアクションが起こされるまでの時間
⑤ インシデントの解決策が策定されるまでの時間
⑥ インシデントの解決策が策定されてから，実際にリペア（修理・修正）が完了するまでの時間
⑦ インシデントが発生してから，完全に復旧してエンドユーザのビジネスオペレーションが回復するまでの時間
⑧ MTBSI[注9-1]
⑨ MTTR（インシデントの平均修理時間）
⑩ 外部ベンダーのサービスが提供されなかった時間
⑪ 外部ベンダーごとのコンポーネントの故障率，または使用できなかった時間

サービスのダウンタイム（①）とは「ビジネス部門がITサービスを必要とした時間帯に，サービスを提供できなかった時間」のことであり，当然ながら可能な限り短いことが理想です。このサービスのダウンタイムの内訳として，②〜⑪までの項目が関係してきます。③や④の時間が長いようであれば，インシデント発生時の初期対応に問題があるかもしれません。⑧の時間が短い場合は，コンポーネントに故障や欠陥がある，ITサービス自体に欠陥があるなどの可能性を考えるべきでしょう。

- 注9-1　MTBSI
  Mean Time Between System Incident。インシデントの発生から、次のインシデントが発生するまでの平均時間

ITIL 可用性管理 ▷ 一問一答編

疑問 9-1 可用性管理は何をするプロセスですか？

→ 最高の費用対効果を得ることを前提として，必要な時に使えるITサービスを提供するためのプロセスです

▶▶ 可用性管理のプロセス

　可用性管理とは最良の費用対効果のもとで，ITインフラやITサービスを運用・管理する能力を整備するためのプロセスです。これによって，ビジネス目標を達成するために必要なITサービスの実現，すなわち「顧客やユーザが必要とする時に使えるITサービスを提供すること」を目的とします。

　ITサービスの可用性は以下のように計算できます。

> **確認　可用性を求める公式**
> 可用性（％）＝ITサービス提供時間÷ビジネスが必要とした時間

　可用性管理を実施するにあたり，サービスレベル管理における重要なビジネス要件として，ITサービスを必要とする時間を明確にする必用があります。また，計画的なシステム停止時間[注9-2]なども同様に確定させます。

　ITサービス提供時間を延ばすためには，インシデントを防止するだけではなく，「インシデントの発生時にいち早く対応して，早急にITサービスを復旧させる」という考えも重要です。つまり，**可用性はサービスサポートとサービスデリバリの全機能とプロセスに関連している**といえます。ビジネス部門のユーザも含めたトレーニング，IT要員のスキル，外部ベンダーのサポート能力，変更管理の正確性，機器の信頼性，ソフトウェアの完全性など，すべての要素が可用性管理に関連します。

　ITILの勉強をしていると，可用性管理とITサービス継続性管理は同じプロセスのように感じるかもしれません。ITサービス継続性管理は火災や地震，テロなどの災害を想定した活動です。これに対して，可用性管理には「どんな要素を整備すれば，インシデントの発生時にITサービスを復旧させるまでの時間を短縮できるか？」という観点が含まれていることが大きな違いです。

総括 可用性管理はどんなプロセスか？

◎必要な時に使えるITサービスを提供するためのプロセスである！
◎ITサービス継続性管理と違い，インシデント発生時の対応という観念が含まれている！

疑問 9-2 可用性管理にはどんな側面がありますか？

→ 可用性100%は現実的でないこと，信頼性・保守性・サービス性・セキュリティ性などを念頭に置いてプロセスを実施する必用があります。

▶▶「可用性100%」は現実的な数値ではない

　コンピュータのテクノロジは日々進化しており，個々のコンポーネントの信頼性も向上しています。しかし，例えば今使っているパソコンでインシデントが絶対に発生しないかというと，決してそうではありません。一方で，ITを活用したビジネスは一層複雑化しており，それを支えるITサービスも同様に複雑化しています。

　ITサービスの可用性を向上させるためには，高性能のハードウェアとソフトウェア，単一障害点[注9-3]をなくして冗長化[注9-4]されたアーキテクチャ，インシデントに素早く対応するためのIT要員の育成，強力なベンダーサポート……などが必要です。これらをすべて最高レベルで整備すると，それに要するコストも膨大なものになってしまいます。

　ビジネス目標の達成を重視するならば，可用性100%は理想的な数値です。しかし，費用対効果も含めて考えるならば，**可用性100%は現実的な数値ではない**ということになります。

▼ 費用対効果を考えると「可用性100%」は現実的でない

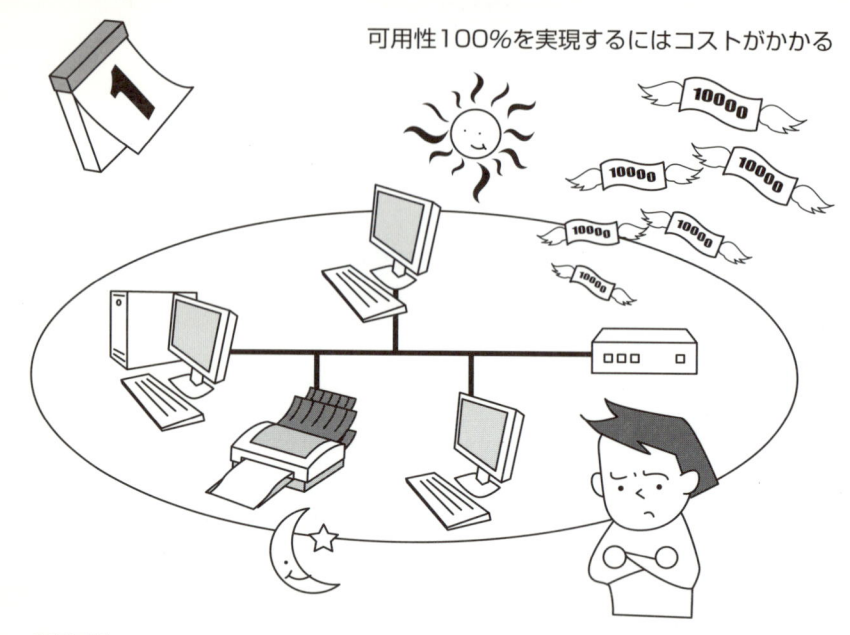

可用性100%を実現するにはコストがかかる

▶▶ 信頼性

　可用性の一方で,「信頼性」という考え方があります。簡単にいうと, 故障しにくくて壊れにくい機械は信頼性が高いのです。可用性と信頼性の違いを説明するため, 以下のような条件のITサービスを考えてみます。

◆ あるITサービスの条件
- SLAで「サービス時間帯は営業日の6時〜25時」「可用性99.5%以上」という合意がなされてる
- 1回でもインシデントが発生した日は「信頼性ゼロの日」とする。これはシステムの停止時間がどんなに短くても同様
- 1カ月間（30日）インシデントが発生しなければ信頼性100%とする

○ 可用性と信頼性の違い①
　ある月にインシデントが発生した日が3日ありましたが, いずれもサービス時間帯外でした。上記の条件に照らし合わせると, この月の「信頼性」は90%,「可用性」は100%です。もしインシデントの発生がサービス時間帯だった場合で

も，ITサービスの停止時間が数分間程度であれば，「可用性」への影響は最小ですみます。

○可用性と信頼性の違い②
　ある月にサービス時間帯のインシデントが1回発生し，ITサービスが4時間停止したとします。この場合の「信頼性」は97%です。しかし，サービス時間帯は25×19＝475時間なので，「可用性」は（475－4）÷475×100≒99.12%です。SLAでの合意は「可用性99.5%以上」なので，これでは違反となります。

　ITサービスの信頼性が低いということは，可用性への影響がない場合でも，**将来的に可用性の低下につながる可能性がある要因**が潜んでいるといえます。このため，可用性と信頼性に対する妥当な評価と対応が必要です。

▶▶ 保守性

　保守性（メンテナビリティ）とは，ITサービスの現状の運用状態を維持し，インシデントの発生を予期して，インシデントが発生した場合はできるだけ速やかにITサービスを復旧させる能力のことです。一般に「この機材はメンテナンスしやすい」という言葉はよく使われます。これは「インシデントの予期，検出，診断，解決のための交換やパッチ当て，データの復旧など一連のメンテナンス活動が行いやすい」ということであり，それが保守性が高い機材であることを意味します。
　また，保守性は人の能力に大きく依存するものです。そもそも，メンテナンスする要員に必要なスキルや能力がなければ，一連のメンテナンス活動は効率的に行うことは不可能です。

▶▶ サービス性

　保守性の整備において外部サービスプロバイダ（外部サプライヤ）のサービスを使う必要がある場合，その外部サービスプロバイダの能力をサービス性と考えてよいでしょう。

▶▶ セキュリティ

　セキュリティの3要素は機密性（Confidentiality），完全性（Integrity），可用性（Availability）です。サービスデリバリには主に可用性について記載されていますが，セキュリティの観点では機密性や完全性と密接な関係があるといえます。

> **確認　ITILにおけるセキュリティ**
> ITILでは「すべての機能とプロセスにセキュリティ活動が含まれなければならない」としている。

　セキュリティの観点で可用性を考えた場合，リスクに基づいた企業活動を強く意識する必用があります。企業が保有する情報は有効活用されることによって大きな価値を生み，それが利益に結び付きます。

　例えば誰でも手に入る情報には価値がないので，企業の情報には高い機密性が必用です。間違った情報にお金を出す人はいないので，企業の情報には正確さが必用です。そして，情報は必要なときに使えてこそ価値を生みます。必要な時に利用できず，そのためビジネスチャンスを逸したなら，その情報には価値がないと言われるでしょう。

　リスクは企業のビジネス目標の達成を阻害する要因です。企業にリスクがある場合，その要因の1つとして脆弱（ぜいじゃく）性が存在する可能性があります。リスクの排除，軽減，回避など，費用対効果などを考えたうえで妥当な対策を講じなくてはなりません。可用性についても，必要な時にITサービスを使えないせいでビジネス目標を達成できなければ，それはリスクとして認識・評価して対策を講じる必要があるのです。

　可用性について考えるときに，主として可用性，信頼性，保守性の3つの要素があること，そして「可用性」はセキュリティの3要素の1つであるため，少々難解かもしれません。各要素の相関を意識して理解するとよいでしょう。

> **総括　可用性管理の側面**
> ◎可用性100%は理想であるが，ビジネスの観点からは現実的ではない！
> ◎可用性はビジネスの観点から正当化された予算のもとで実施する！
> ◎信頼性・保守性・サービス性・セキュリティ性を念頭に置く！

疑問 9-3 可用性を強化するにはどうしたらよいですか？

→ まずITサービス運用を可視化して現状を把握し，KPIを設定して，それに向けた活動を実施します。

▶▶ ITサービス運用の可視化からはじめよう

　可用性を強化するための一番の基本は，現在のITサービス運用を可視化することです。現状を客観的な数値で把握できなければ，効果的な活動は不可能であり，KPIを設定できません。これは他のITILの機能やプロセスでも共通です。

　可用性の強化が証明される主なKPIは，以下の3つが挙げられます。これら以外にもKPIはありますが，基本的にこの3つをより詳細に計測するものと考えられます。

- ITサービスが使えなかった時間（ダウンタイム）
- MTTR（インシデントの平均修理時間）
- MTBF（インシデントとインシデントの間隔時間）

　これらのKPIから，可用性管理強化の基本的な活動として考えられるのは，以下の2点に集約できるでしょう。高い費用対効果をもってこれらを実現すれば，可用性を強化できたといえます。

① インシデントが発生しない，または発生しにくいシステムにする
② インシデントが発生してもITサービスを止めない，または解決までの時間を短縮する

　①はさまざまな観点で故障しにくいコンポーネント（機材），バグが存在しないソフトウェアでシステムを構築する必要があります。エンドユーザのオペレーションミスなどから変更管理プロセスにおける問題，キャパシティ管理プロセスやセキュリティなどITサービスにかかわるすべて，すなわち，エンド・ツー・エンドで改善点を見つけだして妥当な評価と対策を講じる必要があります。

　②でもっとも効果的な方法として，コンポーネントやシステム自体の冗長化が

考えられます。インシデントが発生したら直ちに代わりのコンポーネントやシステムに切り替えて，ITサービスの中断を防ぐのです。冗長化と「単一障害点をなくすこと」は同等と考えてよいでしょう。インシデント解決までの時間を短縮するには，サービスデスク，インシデント管理，問題管理などのプロセスを見直し，保守性やサービス性などの観点から改善する必要があります。

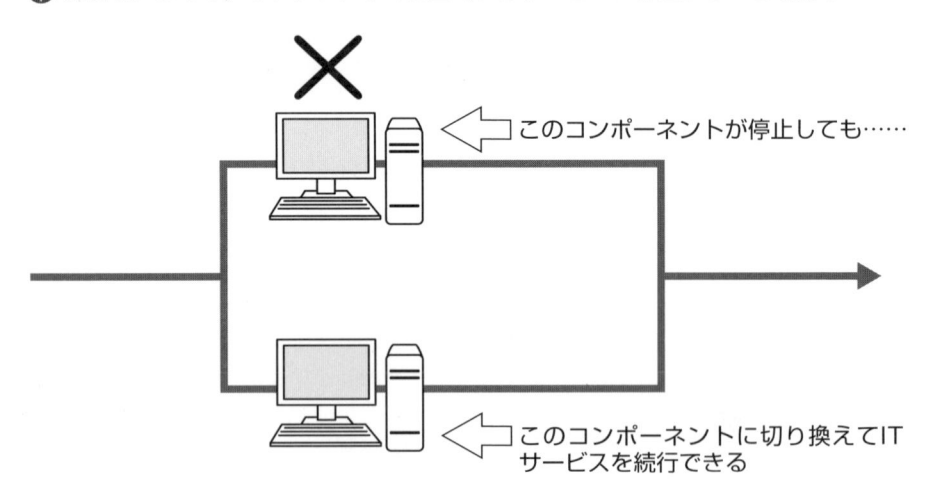

▼冗長化によって，インシデントの発生時にITサービスが停止することを防ぐ

⇐ このコンポーネントが停止しても……

⇐ このコンポーネントに切り換えてITサービスを続行できる

▶▶ ビジネスの観点から正当化された費用

　上記の①②において，多数のコンポーネントを配置する，非常に信頼性が高いコンポーネント（機材）でシステムを構築するなどした場合，膨大な費用が必要になることは明白です。可用性は100％近くなりますが，ビジネスの観点からは費用を正当化できないので，企業競争を優位に展開するのは困難です。

　そこで，バランスが取れた可用性の強化が必要です。ビジネス目標を達成する上で考えられる阻害要因を洗い出してリスクとして評価し，費用対効果を考慮して優先順位を設定し，有効な対応策を講じます。そのリスクが単一障害点であり，それによってITサービスが停止した場合にビジネス上の大きな損失が発生するのであれば，費用の正当化と合わせて冗長化するなどの対策を講じて，可用性を強化することになります。

　その際，ITサービスが停止した際にどのような悪影響が発生するのか，ビジネスプロセスに基づいた分析が必要になることがあります。その場合，ITILでは「一般的に有効であると認められた手法」による分析を推奨しています。サービス停止分析，コンポーネント障害分析，故障樹解析[注9-5]などはよく使われる手法です。

　例えばサービス停止分析は，ビジネス部門とITサービス部門が協力して，ITサービスが停止したという仮説を立てて分析する手法です。単にテクノロジ上の問題だけではなく，エンド・ツー・エンド，すなわちトレーニングやユーザオペレーション，ITサービス運用のプロセス，運用管理ツールなどを総合的に分析します。ビジネス部門とITサービス部門のほか，必要であれば外部サービスプロバイダも加えて調査，評価，対策を実施することになります。

　サービス停止分析で出された結果を基に，リスクの評価と対策を検討し，費用対効果が高い対策を実施します。この場合，緊急度や優先度，必要な費用に応じて，日程的に余裕があればあらかじめ予算化をします。緊急度と優先度が極めて高いリスク[注9-6]の場合は，顧客と協議の上で，緊急的な予算配分のもとで対策を実施することになるでしょう。

> **総括　可用性の強化**
> ◎まずITサービスを可視化し，KPIを設定して，それを達成するための活動をする！
> ◎ビジネスの観点から正当化された予算のもとで実施する！

- 注9-2　計画的なシステム停止時間
  メンテナンスなどのため，システムを停止させる時間。実施する時期や時間について，あらかじめビジネス部門と合意しておくべきである
- 注9-3　単一障害点
  その1点の障害がシステム全体の停止につながる部分。Single Point Of Failure
- 注9-4　冗長化
  設備の一部で障害が発生してもサービスを継続して提供できるよう，必用最低限よりも余裕がある設備でシステムを構築すること
- 注9-5　サービス停止分析，コンポーネント障害分析，故障樹解析
  ここで挙げた3つの分析法は，ITILそのものとは別の手法である
- 注9-6　緊急度と優先度が極めて高いリスク
  そのリスクはビジネス上の重大な問題を発生させる可能性があり，直ちに対策を講じる必用がある場合

第10章
ITサービス継続性管理

CHAPTER 10

ITサービス継続性管理 ▷ 基礎解説編

基礎 10-1 ITサービス継続性管理の目標

　火災や水害，地震，テロなどの災害が発生し，ITサービスが停止に追い込まれる可能性があります。ITサービス継続性管理[注10-1]とは，このような災害の発生時にビジネスへの悪影響を最小限にするためのプロセスです。例えば，災害が発生してデータセンターを利用できなくなった場合，バックアップセンターやバックアップサイトなどを利用して一定期間内にITサービスを復旧させ，ITサービスの提供を再開します。それによって，ビジネスの中断を最小限にします。

- 災害の発生時を想定して，ビジネスへのインパクトを分析し明確にする
- 災害の発生時はビジネス部門が発動するBCP（事業継続計画）を支援し，有効確実にする
- 災害の発生時にITサービスが中断した場合，事前に合意したITサービスのレベルを一定期間内で確実に提供できる態勢を作り，それを維持する
- 費用対効果が高いITサービス継続性管理を実現する
- 構成管理や変更管理との連携，適時のレビューを実施するプロセスを確立し，それを維持する
- ITサービス継続性管理のプロセスに関係する，ビジネス部門とITサービス部門の全人員に対する教育およびトレーニングを継続的に実施する

　可用性管理とITサービス継続性管理は，「ビジネス上のリスクの評価と対応」「ビジネスが必要とする時にITサービスを提供し続ける能力を確立し，それを維持する」という点は共通です。ただし，可用性管理は「ITサービスを継続して提供する能力」という観点のプロセスであるのに対して，ITサービス継続性管理は**災害という外部要因の発生を想定したリスクの評価と対応**に主眼を置いたプロセスである点が違います。

　データセンターなどITサービスが集中する施設が被災すると，ビジネス活動が停止することは確実です。このため，各施設ごとにITサービス継続性管理を計画する場合もあるでしょう。しかし，ITサービス継続性管理は本来**BCPの一環として実施するべきプロセス**です。

　例えば地震などの大規模災害が発生した場合，「ビジネス部門のどの人員が，

いつ，どこに集結して，どのような優先順位でビジネスを継続するのか」が会社レベルで明確である必用があります。そうでないと，ITサービス部門はITサービスを継続するための有効・確実な計画を立案できません。これはITサービス継続性管理がBCPの一環として実施されてることによって，はじめて可能になるのです。

基礎 10-2 ITサービス継続性管理の主な活動

ITサービス継続性管理の導入では，初期はプロジェクトとして進められ，「ITサービス継続性管理計画」の構築とテストが実施されます。そして継続段階において，日々の運用としての活動へと変化します。ITサービス継続性管理の主な活

▼ 事業継続性管理（BCM:Business Continuity Management）プロセス・モデル

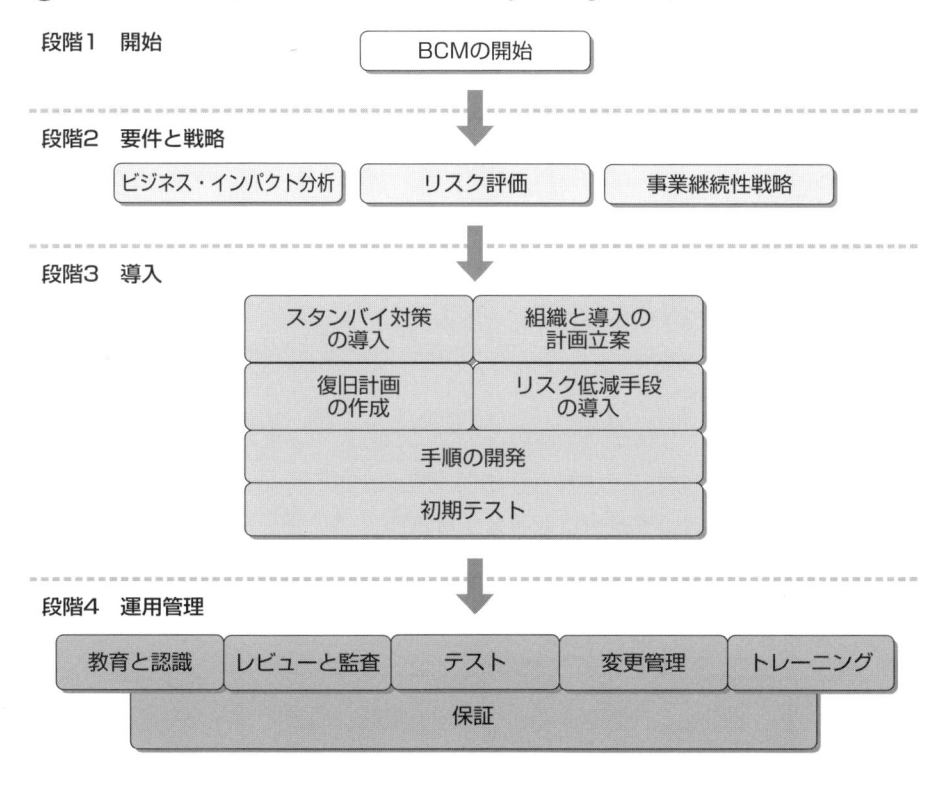

段階1 開始
- BCMの開始

段階2 要件と戦略
- ビジネス・インパクト分析
- リスク評価
- 事業継続性戦略

段階3 導入
- スタンバイ対策の導入
- 組織と導入の計画立案
- 復旧計画の作成
- リスク低減手段の導入
- 手順の開発
- 初期テスト

段階4 運用管理
- 教育と認識
- レビューと監査
- テスト
- 変更管理
- トレーニング
- 保証

動は，以下の4段階とされています。

▶▶ 段階1：開始（Initiation）

　ITサービス継続性管理の最初の活動は，ビジネス部門とITサービス部門の共同プロジェクトとして開始します。この段階では一般的なプロジェクトマネジメント手法を使って，ポリシーの設定，プロジェクトの範囲，プロジェクトメンバーや予算の確保，プロジェクトの組織化，プロジェクト計画や目標に対する上級マネジメントの合意と承認の獲得などの実施します。

▶▶ 段階2：要件分析と戦略の定義（Requirements Analysis and Strategy Definition）

　この段階ではいくつかの想定のもと，災害が発生した場合の内外のリスクを洗い出して評価します。そしてBCP，すなわち「リスクの低減手段」と「ITサービス復旧のオプション」を決定し，それに合意します。

○ビジネスインパクト分析

　財務上の損失，マーケットシェアの損失，法律や規制の違反，社会的信用の損失，安全に対するリスク，道徳的責任の不履行などを検討して分析します。

○リスクの評価

　災害のほか，深刻なITサービスの停止が発生する可能性を評価します。一般に①会社や組織の評価が高い資産に対して，②大きな脅威があり，③その脅威に対する資産の脆弱性が大きい場合は「リスクが高い」と評価されます。

○ビジネス継続性戦略

　ビジネスインパクト分析とリスクの評価，これらに関連するITサービス継続性管理の観点によって，バランスのよい組織の構築や復旧オプションの選択が可能になります。ITサービスを復旧するビジネスの優先度，復旧までに必要な時間などを明確にします。

○復旧オプション（Recovery Options）

　ITサービス継続性管理としての最終的な対策，すなわち「どのような復旧オプションを実施するか」を選択します。それによってリスクが残る場合，ビジネス部門の上級マネジメントの承認が必要です。

▶▶ 復旧オプションの選択肢

　上記の復旧オプションには，以下の6つの選択肢があります。4～6のオプションは外部のベンダーの設備とIT資産を契約によって確保するか，または自ら設備とIT資産を購入し確保する場合が考えられます。

○ [1] 何もしない
　文字どおり何の対応策も実施しません。リスクの評価[注10-2]やITサービス継続性管理にかかるコスト[注10-3]などによっては有効なオプションです。

○ [2] 手作業でのワークアラウンド
　ITサービスが使えない場合に，ビジネス部門がマニュアル作業で対応します。すべてのビジネス業務をカバーできない可能性がありますが，優先度をつけて対応します。時間をかけて，ITサービス継続性管理に基づかないITサービスの復旧を実施します。

○ [3] 相互協定（Reciprocal Agreement）
　自社と同様のテクノロジを使ってITインフラストラクチャを構築している外部の企業や組織と協定を結び，災害時に備えてお互いのバックアップになるよう連携する手法です。あまり現実的ではないため，ほとんど選択されません。

○ [4] 段階的復旧（Gradual RecoveryまたはCold stand by）
　バックアップシステムを使う手法の1つで，一般的には「コールドスタンバイ」と呼ばれます。バックアップシステムを稼働させてから，ITサービスの復旧までに72時間以上の期間が与えられている場合に選択されます。ITサービスの実環境のデータは日々バックアップしますが，バックアップシステム自体は必要な時（実環境がダウンした時）まで待機させます。ライセンスや運用コストを節約できますが，ITサービスの復旧まで時間を要します。

○ [5] 中間的復旧（Intermediate RecoveryまたはWarm stand by）
　一般的に「ウォームスタンバイ」と呼ばれる手法です。バックアップシステムを稼働させて，24～72時間でITサービスを復旧させることを目標にします。

○ [6] 即時的復旧（Immediate RecoveryまたはHot stand by）
　一般的に「ホットスタンバイ」と呼ばれる手法です。災害が発生した場合，即時または24時間以内にITサービスを復旧させることを目的とします。通常，バックアップシステムは実環境と同様またはそれに近い状態に保たれており，実環境を冗長化させたものに近いと言えます。ITサービスが復旧するまでの時間は短縮できますが，設備やIT資産の導入，ライセンス，運用などのコストがかかります。

▶▶ 段階3：導入（Implementation）

　戦略が合意されたら，ITサービス継続性管理を詳細レベルで導入する段階へ移ります。

○組織の計画立案
　ビジネス部門およびIT部門双方の上級マネジメントを含めて，災害時のあるべき組織体系を作成します。

○導入の計画立案
　災害時の対応の実行計画と共に，必要なITインフラストラクチャ（収容設備，コンピュータ本体，ネットワーク，セキュリティなど）の導入計画を立案します。

○リスク低減手段の導入
　災害時のリスクを低減するのための対策です。停止することが許されない基幹システムやアプリケーションの対障害性を向上させる手段，例えばUPS（無停電電源装置）の導入などが考えられます。

○スタンバイ対策の導入
　災害時におけるビジネスの要件に基づいた，復旧オプション対策を導入します。バックアップサイトの構築，バックアップ用のITインフラストラクチャの整備などが考えられます。外部ベンダーの設備を利用する場合もあります。

○ITサービス継続性管理計画の作成
　復旧計画の作成です。ITサービスの具体的な復旧計画，有効性を実証するためのテスト計画などを作成します。

○**手順の開発**

技術的な手順を文書化して、ITサービス要員であれば誰でも復旧に取り掛かれるようにします。

○**運用管理**

ITサービス継続性管理の導入プロジェクトが終了したら、定期的にその有効性を確認し、災害発生に備えて維持していきます。そのためには、以下のような方策を実施します。

- ビジネス部門とIT部門のマネジメントを含む人員に対する、ITサービス継続性管理の必要性や役割などについての定期的な教育およびトレーニング
- ITサービス継続性管理が常に最新の状態であることのレビュー
- バックアップサイトやITサービスの復旧を確実にするためのテスト
- 日々のITサービスの変更に対応した、ITサービス継続性管理の更新のためのコントロールの整備と維持管理

▶▶ 段階4：発動（Operational Management）

現実に災害が発生した場合は、BCMとITサービス継続性管理が発動されます。その際、損害の程度や可能性のある発動の範囲、想定されるビジネスとITサービスが中断する時間、ビジネスへの悪影響の度合いなどが考慮されます。費用がかかりすぎないよう、災害の発生時に一般社会へ与える影響度や会社としての印象（CSR）などを考えてビジネスリスクを洗い出し、費用対効果の高いITサービス継続性を構築・維持していきます。

基礎 10-3 ITサービス継続性管理計画の定期的なテスト

構築されたITサービス継続性管理計画は、導入時の初期テストだけでは不十分であるため、継続的かつ定期的なテスト[注10-4]やトレーニングが必要です。テストではビジネス部門の人員も動員して、ITサービス継続性管理計画がビジネスに対して有効なサービスであることを確認させます。

ビジネス部門・IT部門ともに組織の改編があるので、できるだけ現実に災害が発生したことを想定して、定期的にテストを実施する必要があります。このため、

内部監査では「有効なテストを定期的に行ったか？」を確認する項目を含ませるべきです。

▼ 現実に災害が発生したことを想定して，定期的にテストを実施する

　ITサービス継続性管理計画の定期的なテストでは，ビジネス部門・IT部門のほとんどの人員の出社を前提にしてしまう傾向があります。しかし，実際に大地震やテロなどの発生した際，すべての人員が出社できるとは限りません。そのような状況下では，家族の安全確保が最優先になります。このため，あらかじめ組織内の単身赴任者や単身の独身者を確認し，ITサービス継続性管理の発動時に出社できる確率を本人と話し合っておくとよいでしょう。

　J-SOXやコンプライアンスに対応する意味でも，最近はITサービス継続性管理が（変更管理と共に）注目されています。BCMやITサービス継続性管理計画を作成するには，ビジネスや業務のフローチャートの作成とリスクの洗い出し，すなわちRCM（Risk Control Matrix）の作成が必要です。その結果，J-SOXへの対応において不可欠なドキュメントを整備できてしまうことも，ITサービス継続性管理が注目される理由の1つです。

基礎 10-4 ITサービス継続性管理のKPI

ITサービス継続性管理のプロセスを評価するためのKPIは，以下のような項目が考えられます。

①ITSCM計画によってカバーされなかった，本来含まれるべきITサービスの数
②ITSCM計画の導入の終了が遅れた期間，または更新が遅れた期間
③ITSCMのテストが遅れた日数
④最新のテストにおいて明らかになった，改善されるべき問題点の数
⑤災害発生を想定したテストにおける，バックアップサイトの準備や用意が遅れた時間
⑥ビジネス部門・IT部門の人員に対して実施した認知度テストの結果
⑦顧客満足度

冒頭でも解説したように，ITサービス継続性管理は災害時にITサービスが完全停止することを回避し，ビジネスへの悪影響を最小限にするためのプロセスです。①～⑤の件数が多い場合，プロセスは十分に機能していないことになります。⑥の結果が思わしくない場合は，定期的なテストやトレーニングの内容に不備がある可能性があります。

- 注10-1　ITサービス継続性管理
  ITサービス継続性管理はITSCM（IT Service Continuity Management）と呼ばれることもある
- 注10-2　リスクの評価
  例えばビジネスへのインパクトが極めて小さいと判断された場合，リスクに対して何も対策を実施しないこともある
- 注10-3　ITサービス継続性管理にかかるコスト
  例えばビジネスへのインパクトによって発生する損害より，オプションを実施することで発生するコストのほうがはるかに大きい場合もあり得る
- 注10-4　テスト
  この場合は「リハーサル」と呼ぶほうが適切かもしれない

ITサービス継続性管理 ▷ 一問一答編

疑問 10-1　ITサービス継続性管理は何をするプロセスですか？

➡ 災害の発生時でもITサービスを継続できるように、会社のリスクを評価して、その対策を講じて運用します。

▶▶ ITサービス継続性管理の考え方

　家を購入・新築したら、多くの人は火災保険や地震保険に入ります。自然災害で家を失う機会はそうありませんが、もしもの場合、新たに家を購入したり新築するのはほとんど不可能です[注10-5]。保険に加入すると毎月の保険料が必要ですが、それは「災害によって一生家を持てなくなるリスク」の低減につながります。

▼ 火災で家を失うリスクを避けるために火災保険に加入する

　ITサービス継続性管理（ITSCM）の考え方はこれと同じです。ITがビジネスに深く入り込んでいる現在、基幹システムの停止はビジネスの破綻に直結しかねません。そこでシステムに災害対策を講じて、火災や地震が発生しても一定期間でITサービスを再開できる体制を作るのです。それは「災害によってビジネスの一部（または全部）を失うリスク」を低減させます。

　ITサービス継続性管理はビジネス継続性管理（BCM）[注10-6]の一部だと考えるべ

きです。例えば，ある会社が火災や地震，台風などに備える場合を考えます。

災害で本社が大損害を受けた場合に備えて，ビジネス部門はあらかじめ「本社の壊滅時にはスタッフをA支社に集結させて，72時間以内にビジネスを再開させる」といった計画を立案しておきます。災害の発生時には，その計画に沿って行動することになります。

ITサービス部門はビジネス部門の災害時の計画に合わせて，基幹システムが稼働するデータセンターから離れた地域[注10-7]に「バックアップセンター」を設置し，基幹システムのデータをバックアップしておきます。災害時にはバックアップセンターのデータをA支社に移し，基幹システムを稼働させるための作業を開始します。そして，ビジネス部門の業務の再開に間に合わせるのです。

ITサービス継続性管理の本質は，**考えられる脅威を会社のリスクとして評価し，その対策を講じること**です。当然ながら，そのための費用はビジネスの観点で正当化される必要があります。このため，ITサービスのほぼ100%の継続を目標にする場合もありますが，最低限必要な部分の復旧だけを目指す場合もあるのです。

▶▶ ITサービス継続性管理の利点

ITサービス継続性管理の利点としては，以下のようなものが考えられます。

○会社の保険料が低額になる

災害時に備えて，会社としていろいろな損害保険に加入します。その際，保険会社はどの程度のビジネス継続性管理（災害対策または危機管理）を実施しているか調査し，その上で保険料を算出します。当然ながら，災害に強い会社であると査定されれば，それだけ保険料も安くなる可能性があります。家を購入する場合，火災保険に加入しなければローンを組めないのと同様です。

○社会的責任を果たす

　社会的な責任が大きい業種では，災害時には一刻も早くビジネスを再開させる必要があります。また，病院，救急，公共サービスなど，災害時でも業務を継続しなければならない業種もあります。ITサービス継続性管理を実施することは，そのような社会的責任を果たすことにつながります。

○ビジネス競争上の優位性を示せる

　社外のビジネスパートナーにとって，その会社の製品やサービスが継続的に提供されるかどうかは，危機管理の観点から重要です。つまり，ITサービス継続性管理の能力が高ければ，それだけ競争上の優位性を示せるのです。

○ビジネス部門とITサービス部門との良好な関係を築ける

　ビジネス継続性管理を通じて，ビジネス部門とITサービス部門はより密接な作業を必要とします。これは**ビジネス部門がITサービス部門の能力を正しく理解するきっかけ**になり得ます。

総括　ITサービス継続性管理の要点

◎会社へのリスクを低減させるため，ITサービス継続性管理が重要である！
◎ITサービス継続性管理の実施はビジネス上のメリットにもつながる！

疑問 10-2　ITサービス継続性管理の「4つのステージ」とは何ですか？

→ ①開始→②要件と戦略→③導入→④運用管理の4段階です。

▶▶ 開始（Initiation）

　ITサービス継続性管理の4つの段階（ステージ）のうち，「開始」は**ITサービス継続性管理をプロジェクトとしてとらえて，それをスタートさせること**です。ITサービス継続性管理は他の機能やプロセスとは少し違い，日々の継続的改善を目指すだけではなく，まず新たなシステムや運用プロセスの構築に取り組む必要があります。このため，プロジェクトとして開始します。

サービス継続性管理はプロジェクトなので，プロジェクトのポリシー，適用範囲，プロジェクト遂行のための計画，目指すべき成果物とその品質などをプロジェクト計画書として作成します。また，プロジェクトを実施するためのプロジェクトチームの組織化も必要です。

▶▶ 要件と戦略（Requirements and Strategy）

「要件と戦略」は災害発生時のビジネスインパクトの分析を通じて，**事業継続のための要件を明確化**します。そしてプロジェクトの範囲や達成目標を設定し，**それを達成するための戦略を作成**します。

災害発生時のビジネスインパクトの分析とは，会社としてITサービスなしで耐えられる時間，ビジネス上のリスクが存在する個所，そのリスクの規模などを調査することです。その上で，リスクを低減する手段やITサービスを復旧させる手段を選択し，それを実装する戦略を立てます。ITサービスを復旧させる手段としては，以下の3種類が一般的です。

○ ［1］段階的復旧（Gradual Recovery）

一般にコールドスタンバイと呼ばれる手法です。基幹システムなどのITサービスが72時間以上復旧しなくても，会社として耐えられる場合に選択されます。

現状とは離れた場所に，自社で緊急用の設備[注10-8]を用意するほか，外部のサービスプロバイダを利用するのも一案です。その場合，設備を運用する手間やソフトウェアのライセンス費用などを低減できます。

○ ［2］中間的復旧（Intermediate Recovery）

一般にウォームスタンバイと呼ばれる方法です。会社として，基幹システムなどが24〜72時間以内に復旧しなければならない場合に選択されます。

段階的復旧と同じく，自社で設備を整備するほか，外部のサービスプロバイダを利用する方法があります。その場合は，段階的復旧よりも優先順位が高い対応を条件とした契約および運用が必用です。このため外部サービスプロバイダとの契約料は高額になり，ソフトウェアのライセンス費用などが必要になる可能性もあります。また，日々の運用にかかる手間も増えます。

○ ［3］即時的復旧（Immediate Recovery）

一般にホットスタンバイと呼ばれる方法です。会社として即座にITサービスを復旧させなければならない場合に選択されます。手作業での対応ができず，1日

でもビジネスが停止すると会社が存続できない場合，人命にかかわるような社会的責任が重いビジネスを遂行している場合に適用します。

外部サービスプロバイダを利用する場合は，基幹ビジネスを支えるITサービスとして稼働する準備が常に必要です。このため，スタンバイ側のシステムも見かけ上は常に稼働している状態に保たなくてはなりません。実質的には「未使用のシステム全体を1つ余分に運用する」ことになり，手間やソフトウェアライセンス費用などは非常に大きくなります。

○その他の手段

ビジネスの観点でITサービスの復旧を考えた場合，上記の手法のほか，「手作業でワークアラウンドを整備する」「災害を予測したビジネスプロセスを構築[注10-9]してリスクを低減させる」「保険に加入してリスクを回避する」などのオプションも有効です。また，「何もしないでリスクを受け入れる」という方法も考えられます。これらのうち1つを選択するのではなく，ビジネスの状況に応じて複合的に整備することが，費用対効果が高いITサービス継続性管理につながります。

▶▶ 導入（Implementation）

「導入」とは選択された復旧オプションを整備して，**運用のプロセスを構築**することです。選択されて，設計された復旧オプションが新たなテクノロジやシステム，仕組みを必要とするならば，それらの構築も含まれます。また，整備された復旧オプションが有効・確実であることを確認するため，テストを実施します。

▶▶ 運用管理（Operational Management）

「運用管理」では日々の運用の中で，「いざ！」という場面で**復旧オプションが確実に機能するように**するため，以下の活動を実施します。

○教育と認識

日ごろから，会社組織としての災害に対する心構えや準備の重要性を認識させます。国内外の災害事例などをもとにして，災害はいつか発生するものであり，その対策としてテストや準備が大切であることを教えます。

○トレーニング

IT要員のほかビジネス部門のユーザも含めて，復旧オプションを実行するために必要なスキルをトレーニングします。

○レビュー

マネジメントの協力を得て，現状の復旧オプションがビジネスに対して機能するかを確認します。ビジネスの状況が変わっていれば，ITサービス継続性管理として見直しが必要になる可能性もあります。

○テスト

リハーサルとも呼ばれるプロセスで，年に1回以上実施するべきです。復旧オプションは正しく動作するか，ビジネス上問題なく使用できるか，ユーザのオペレーションが正しく行われるか，ビジネス部門のユーザにも参加してもらってテストします。ビジネスの組織，プロセス，状況などは日々変化するため，継続的にテストを実施することが重要です。

○変更コントロール

テストやレビューの結果に基づいて，必要であればITサービス継続性管理の計画を見直します。

○保証

ビジネスの上級マネジメントによって，ITサービス継続性管理としての成果物（復旧オプション，プロセス，ドキュメンテーション，テスト，教育など）が妥当な品質をもって承認される必要があります。

総括 ITサービス継続性管理の4つのステージとは？

◎開始，要件と戦略，導入，運用管理という4段階からなる！
◎ITサービス部門だけでなく，ビジネス部門のユーザの参加が必用になる場面もある！

- 注10-5 ほとんど不可能です
  よほど経済的余裕がない限り，新旧2軒の家のローンを抱えるのは厳しい
- 注10-6 ビジネス継続性管理
  不測の事態が発生したときのインパクトを想定し，ビジネスが停止しないよう対策をとること。ビジネスコンティニュイティマネジメントともいう
- 注10-7 データセンターから離れた地域
  バックアップセンターとデータセンターが同じ地域にあると，災害で両方とも壊滅する恐れがある。それではバックアップセンターを設置する意味がない

- 注10-8 緊急用の設備
  緊急時に稼働させるITサービスのための機材やソフトウェア，それらを設置する建物など
- 注10-9 災害を予測したビジネスプロセスを構築
  ビジネスの種類や規模によっては，この手法が使えるとは限らない

第11章 キャパシティ管理

キャパシティ管理 ▷ 基礎解説編

第11章 キャパシティ管理

基礎 11-1 キャパシティ管理の目標

　キャパシティ管理は，現在から将来にわたるビジネス要件に合わせて，ITインフラストラクチャのキャパシティ[注11-1]を最大限に活用できるようにするためのプロセスです。正しいタイミング，正しいコストによって適切なキャパシティを整備し，それを維持できるようにします。

- ITサービスに対する，将来のビジネス要件を明確にする
- ビジネス要件に基づき，ITサービスがどのように利用されるか（需要，ピークと谷の予測）を明確にする
- ITインフラストラクチャの各コンポーネントの利用状況を明確にして，稼働率を管理する
- 使用状況の監視，分析，チューニング，実装などによって，ITインフラストラクチャのパフォーマンスを最高にする
- 比較的大きな変更や新規のアプリケーション開発に対して，キャパシティに関する情報を提供する
- ビジネス要件に合ったキャパシティ，費用対効果が高いITインフラストラクチャ構築を実現する
- キャパシティに起因するインシデントを防止し，SLA目標を達成する

　ビジネスの需要に対してITインフラストラクチャのキャパシティが十分でない場合，キャパシティ不足に起因するインシデントが発生します。一方，必要以上のキャパシティを確保すると購入や運用のための費用が膨らむため，ビジネスの観点からコストを正当化できません。つまり，**キャパシティの最適化が重要**なのです。これは費用対効果が高いITサービス提供する上で不可欠です。

▼ キャパシティは不足しても過剰であってもいけない

ビジネスの需要に対してITサービスのキャパシティが過剰である

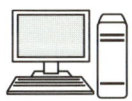

ビジネスの需要に対してITサービスのキャパシティが不足している

　ビジネスの変化に合わせて，ITサービスの対応にもスピードが要求されます。そのためには，現在から将来にわたるビジネス需要を予測すること，ビジネス計画の情報を正確に捕らえることが必要です。そしてキャパシティ計画に基づき，ITインフラストラクチャを変更します。

　ビジネスの拡大が実施されても，それによる売上げ増が少ない場合，ビジネス部門のマネジメントは「この程度ならITインフラストラクチャへの影響は小さいだろう」と考える傾向があります。それに対して，ITサービス部門は「影響の大小は売上げではなく，情報量やトランザクション量などで測定するべきだ」と示す必要があります。

基礎 11-2 キャパシティ管理のサブプロセス

　キャパシティ管理のプロセスには，以下の3つのサブプロセスがあります。それぞれ「何のキャパシティを管理するか？」が異なります。

▶▶ ビジネスキャパシティ管理（事業キャパシティ管理：BCM）

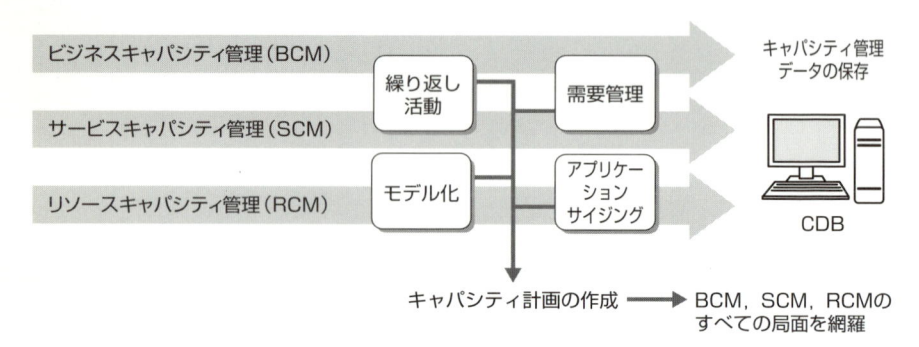

　ITサービスに対する将来のビジネス要件を検討し，明確化します。ITサービスを支えるための適切なキャパシティを適切なタイミングで，確実に計画・実装することを目的とします。

▶▶ サービスキャパシティ管理（SCM）

　ビジネス要件に基づく需要（利用）パターンを分析して，運用中のITサービスのパフォーマンスを監視します。それによってSLAの目標値を達成し，ITサービスを要求どおり機能させるためのプロセスです。

▶▶ リソースキャパシティ管理（RCM）

　ITインフラストラクチャの各コンポーネント部分の稼働率を監視します。SLAの目標値を達成しそれを維持するために，ハードウェアとソフトウェアのリソースの利用を最適化するためのプロセスです。

▼ キャパシティ管理における活動

ビジネスキャパシティ管理（BCM）	繰り返し活動	需要管理	キャパシティ管理データの保存
サービスキャパシティ管理（SCM）			
リソースキャパシティ管理（RCM）	モデル化	アプリケーションサイジング	CDB

キャパシティ計画の作成 ▶ BCM，SCM，RCMのすべての局面を網羅

※3つのサブプロセスの詳細については，疑問11-2「キャパシティ管理はどのように実施するのですか」も参照してください。

基礎 11-3 キャパシティ管理の主な活動

キャパシティ管理のプロセスでは，以下のような活動を実施します。

▶▶繰り返し活動（監視，分析，チューニング，実装）

キャパシティ管理の基本は，運用中の既存のITサービスに対して，以下の活動を繰り返し実施することです。これらは上記の3つのサブプロセスを実行する際に実施されるもので，プロアクティブとリアクティブの両方の活動があります。

▼ 反復的なキャパシティ管理の活動

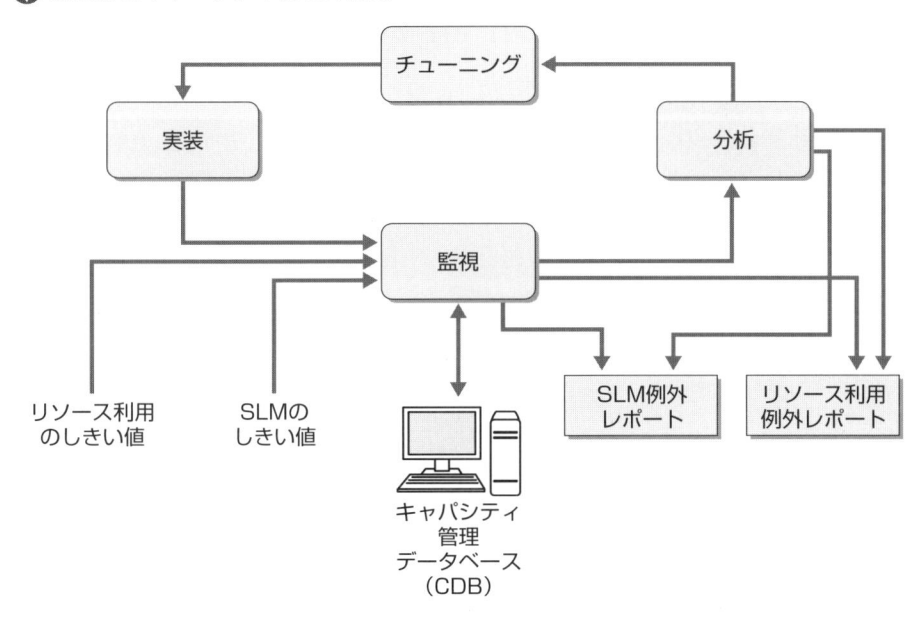

```
          ┌─────→ チューニング ←─────┐
          │                          │
        実装                        分析
          │                          ↑
          │                          │
          └──────→ 監視 ─────────────┤
                    ↑  ↑  ↕          │
                    │  │  │          │
              リソース利用  SLMの   CDB   SLM例外  リソース利用
              のしきい値  しきい値        レポート  例外レポート
                              キャパシティ
                                管理
                              データベース
                                (CDB)
```

○監視（Monitoring）

ハードウェアとソフトウェアを最適に利用できるよう，個々のリソースやコンポーネントを継続的に監視します。CPU，メモリ，ハードディスクなどの利用率やトランザクション量，応答時間などが典型的な監視対象です。効率的な監視を実施するためには，しきい値やベースラインを設定し，さまざまな監視ツールを導入する必要があります。

○分析（Analysis）

監視によって収集されたデータを分析し，過去の実績やトレンドなどを基にして，新たなしきい値やベースラインを設定します。しきい値を超えそうな場合やSLA違反が発生しそうな場合は，その状況を報告します。

○チューニング（Tuning）

監視データに基づく分析に続いて，チューニングを実施します。これによって，システムのリソースやコンポーネントの改善が可能であるかを明確にします。チューニングの技法には「負荷バランスの最適化」「HDアクセスの最適化」「排他的制御レベルの最適化」「メモリの利用の効率化」などがあります。

○実装（Implementation）

上記の監視，分析，チューニングの活動の結果として発生した変更要求を実装します。これは変更管理およびリリース管理のプロセスによるものです。

▶▶需要管理（Demand Management）

ビジネスの需要に合わせてサービスの利用を制限することによって，サービス全体のパフォーマンスを維持する活動です。これはキャパシティ不足に対する，一時的または短期的な解決策です。

例えばビジネス上の優先順位に基づき，ある時間帯において優先度が低いサービスの使用を制限します。そして，優先度が高いサービスにリソースを配分させます。

▶▶モデル化（Modeling）

ビジネス要件に基づくさまざまな要素[注11-2]を分析して，キャパシティの観点から，ITサービスの稼働状況の変化を予測するための活動です。これはビジネスの3つのサブプロセスに利用できる手法です。

○トレンド分析によるモデル化
　サービスキャパシティ管理とリソースキャパシティ管理のサブプロセスで収集されたデータをスプレッドシートやグラフ化でまとめ、将来のサービスの利用状況とリソースの利用状況を予測します。応答時間の見積もりには適しません。

○分析によるモデル化
　数学的な方法[注11-3]を使って、システムの稼働状況の変化を予測します。通常、分析によるモデル化ではパッケージソフトを利用します。シミュレーションによるモデル化と比べて工数は要しませんが、予測結果の精度は劣ります。

○シミュレーションによるモデル化
　新しいアプリケーションの開発などでよく用いられる手法です。ユーザーの利用による負荷、ジョブやトランザクションの量などをできるだけ現実に近い状態でシミュレーションして、システム稼働の変化を予測します。シミュレーションにはパッケージソフトを利用します。予測の精度は高くなりますが、工数とコストを要します。

○ベースラインモデルによるモデル化
　ハードウェアなどのリソースの追加がシステムの稼働にどのような変化を与えるか、実在するシステムのパフォーマンスを正確に再現した「ベースラインモデル」を使って予測します。ベースラインモデルが正確であるほど、予測の制度も高くなります。

▶▶アプリケーションサイジング

　新しいアプリケーションを導入したプロジェクトの開始段階、あるいは既存のアプリケーションに対して大規模な変更を加える場合などに、ITサービスに対する要件（SLAなど）を達成するために必要なリソース、CPU、メモリなどを見積もります。

▶▶キャパシティ管理データの格納

　これまで解説した繰り返し活動、需要管理、モデル化、アプリケーションサイジングなどの活動を通じて得られたさまざまなデータを保持します。これらのデータは、前述の3つのサブプロセスによって使用されます。通常、CDB（キャパ

シティ管理データベース）は単一のデータベースではなく，さまざまなタイプのデータが物理的に複数の場所に保管されます。CDBはマネジメントとIT要員への，パフォーマンスとキャパシティに関するレポートの基礎資料としても利用されます。

▶▶キャパシティ管理には何が必要か？

前述のように，ITサービスの高い費用対効果を実現するには，テクノロジの進歩の早さを考慮した上で，正しいタイミングで適切なキャパシティを計画する必要があります。また，ITライフサイクルマネジメント[注11-4]には，ITサービス財務管理や可用性管理と併せてキャパシティ管理のプロセスが関係します。

ITサービスの規模にもよりますが，キャパシティ管理のプロセスを監視するには監視ツールが必要です。その際のしきい値の設定によって，ITサービスのパフォーマンスに起因するインシデント数は大きく異なります。しきい値が高すぎると，インシデントが発生しても監視ツールはエラーメッセージ[注11-5]を出力しないため，リスクを回避できません。逆にしきい値を低めに設定すると，監視ツールから多数のエラーメッセージが出力されるようになります。これではリスクを回避するどころか，監視の精度を低下させ，IT要員に多くの工数を消費させてしまいます。

モデル化などもツールを必要とする活動ですが，それに要する費用と得られる利益が正当化できなければ，ITサービスマネジメントが実施されているとは言えません。キャパシティ管理を行うことによって，ビジネスへ与える悪影響を排除し，さらにビジネスの拡大によって得られる利益を計測するべきです。

基礎 11-4 キャパシティ管理のKPI

キャパシティ管理のプロセスを評価するためのKPIは，以下のような項目が考えられます。

①ITサービスのパフォーマンス不足に起因するSLA違反の数
②ITコンポーネントのパフォーマンス不足に起因するSLA違反の数
③ITサービスのパフォーマンス不足に起因するインシデントの発生回数

④購入計画（予算）に含まれていなかった，パフォーマンスに関連する購入の回数（金額）
⑤ITサービスのパフォーマンスに関する問題解決のために，急きょIT関連機材を購入した回数
⑥妥当なキャパシティ計画に対する，オーバーキャパシティの割合
⑦CPU，ディスク，メモリ，ネットワーク容量などのしきい値に対する需要の割合
⑧ITサービスのパフォーマンスが監視されるべきCI（構成アイテム）の中で，監視が正しく行われなかった割合
⑨顧客満足度

　キャパシティ管理とは，ITインフラストラクチャのキャパシティを最大限に活用できるようにするためのプロセスです。①～③のようなSLA違反やインシデントの発生回数が多いようでは，十分に機能しているとは言えません。④や⑤の件数が多いことは，「正しいタイミング，正しいコスト」という観点で問題です。

- 注11-1　キャパシティ
　ビジネス要件に対するITサービスの許容量。例えば「1日あたり1000件の注文を処理したい」という要件があっても，社内LANの機能が不十分で900件しか処理できない場合，それはITインフラストラクチャのキャパシティ不足である
- 注11-2　ビジネス要件に基づくさまざまな要素
　扱われる情報やトランザクションの量，種類などがある
- 注11-3　数学的な方法
　マルチクラス，ネットワーク待ち行列理論などがある
- 注11-4　ITライフサイクルマネジメント
　ITサービスの利用に関するすべてのプロセスを管理するための，各種の手法や取り組み
- 注11-5　エラーメッセージ
　この場合はしきい値を超えた場合の警報のこと

キャパシティ管理▷一問一答編

疑問 11-1 キャパシティ管理は何をするプロセスですか？

→ SLAまたはSLRに基づいて，最終的に提供するITサービスのパフォーマンスを最も効果的に管理します。

▶▶ キャパシティ管理の目的

　ITILにおけるキャパシティとは，顧客やユーザがビジネスを遂行するために必要なITインフラストラクチャのパフォーマンス，すなわちITサービスの性能のことです。キャパシティ管理の目的は**正しいキャパシティを正しいタイミングと正しいコスト**で実現することです。

　例えば，あるITサービスで以下のような障害が発生したと仮定します。

◆あるITサービスの障害

　　当初はそのサービスを使用していたユーザは5人であり，正常に利用できた。やがてビジネスの規模が大きくなり，ユーザ数も15人に増えた。するとITサービスの処理が遅くなり，ビジネス活動をスムーズに遂行できなくなることが判明した。

　通常はこの障害が発生した時点でインシデントとして扱われ，根本原因の情報は「問題管理」から「キャパシティ管理」へと送られます。問題管理のプロセスで根本原因を排除しないのは，そうすると将来的なビジネスの拡大も考慮する必要[注11-6]が生じて，ネットワークも含めたシステム全体のキャパシティ管理に発展してしまうためです。

　キャパシティ管理ではビジネスの観点[注11-7]からキャパシティを管理し，それに基づく必要なITキャパシティを計画して監視します。正しいキャパシティはビジネス要件に見合ったITサービス，すなわち**SLAまたはSLR**[注11-8]**に基づいたITサービスを提供すること**です。ビジネスの規模が5000万円なのに，10億円規模のビジネスを想定したITサービスは不要なのです。あり余るキャパシティは無駄なITコストを生むだけで，ビジネス上の利益につながりません。

正しいタイミングとは，例えば**ビジネス規模が変化する場合**です。前述の例ではビジネス規模が3倍になり，ITサービスを使用するユーザが5人から15人に増加したため，ITサービスのパフォーマンスが不足しました。このような事態を防ぐには，ビジネス規模の拡大に合わせて最良のタイミングでキャパシティを強化する必要があります。

　もちろん，この逆のケースもあります。ビジネスが縮小する場合は，正しいタイミングでキャパシティの縮小が必要になる可能性があります。

　正しいコストとは，**ビジネスの要件に合わせて正当化されたコスト**のことです。ITサービスにコストがかかりすぎるとビジネスは成立せず，企業の競争力は低下して利益も出せません。したがって，正しいキャパシティを正しいタイミングで整備することが重要です。

　正しいコストを考える上で，「技術革新のスピード」も重要なポイントです。CPUの処理能力あたりの価格が毎年低下していくように，ITに関連する機材の価格も低下します。また，最新テクノロジの応用によってITサービスに革新がもたらされ，日々のIT運用のコストも削減できます。このような観点から，もっとも低コストでビジネスをスムーズに遂行させるキャパシティを整備することが大切です。

▶▶ CDBで情報を管理する

　キャパシティ管理を効果的に行うツールとして，CDBの活用が推奨されています。CDBはキャパシティ管理に関連するデータを格納する場所であり，そのデータはビジネスキャパシティ管理，サービス・キャパシティ管理，リソース・キャパシティ管理などのサブプロセスで利用されます。また，ビジネスの観点によるITキャパシティに関するレポートの作成でも使用されます。

　CDBは物理的に単一のデータベースではありません。本来は複数のデータベースあるいはドキュメントの保管場所であるものを統括し，CDBとして一元管理するのです。CDBでは以下のような情報が管理されます。

▼CDBで管理すべき情報

CDBで管理するデータ	例
ビジネス関連データ	ビジネス上の取引先の数，コンシューマの数，取り扱い商品の数
	受注センター，コールセンターへのコールの数
	営業部門の数，営業要員の数，社員の数，パソコンの数
	季節的なビジネスボリュームの変化
	Webサイトへのアクセスの数
	画像データなどの大容量データ取り扱いの数
サービス・データ	トランザクションの応答時間
	バッチ・ジョブ処理にかかる時間
技術的データ	基幹システムのCPUの最大利用率
	ネットワークのセグメントごとの利用率
	ストレージの利用率
財務データ	財務の計画に関する情報
	ITの予算
利用データ	技術データとして入力されたコンポーネントまたはCIを監視することによって得られた利用データ
	収集可能な実際に使われていることを指し示すデータ

総括　キャパシティ管理はどうあるべきか？

◎ビジネスの観点から，正しいキャパシティを正しいタイミング・正しいコストで実現する！
◎キャパシティ管理用のツールとしてCDBを利用する！

疑問 11-2 キャパシティ管理はどのように実施するのですか？

→ ビジネスキャパシティ管理，サービスキャパシティ管理，リソースキャパシティ管理の3つのプロセスを実施します。

▶▶ キャパシティ管理の3つのサブプロセス

　キャパシティ管理の適用範囲は，ITサービスを提供するために必要なすべてのコンポーネントです。すなわち，すべてのハードウェア，ソフトウェア，人的リソースが対象になります。キャパシティ管理は以下の3つのサブプロセスから成り立ちます。

○ビジネスキャパシティ管理

　ビジネスキャパシティ管理では，現在から将来にわたるビジネス戦略や要件を明確にします。そして，それらの要件を確実にサポートできるITサービスのキャパシティを検討し，計画して，実装します。

　例えば，ある会社で「これまで問屋経由のみだった商品の販売システムを見直し，直販の拡大によって5年後には売り上げ30%増を達成する」というビジネス計画が立案されたとしましょう。このような場合，単純に「ITサービスのキャパシティは売り上げと同じ割合で増やせばよい」と考えると，まず成功はしません。直販では消費者1人1人に対応するため，管理すべき（社外の）顧客数は問屋経由の場合とは比較にならないほど膨大です。ビジネスプロセスにもよりますが，発生するトランザクション[注11-9]の数は問屋相手よりはるかに多いでしょう。季節商品の注文が殺到した場合など，ITサービスにも相当の負荷がかかることが予想されます。

　ビジネスキャパシティ管理では，このようなビジネスの短期的および長期的な観点から，ITサービスのキャパシティの検討・計画・実装を実施します。つまり，前節でも説明した「正しいキャパシティを正しいタイミング・正しいコストで実現させる」ということです。

○サービスキャパシティ管理

　サービスキャパシティ管理とは，ITサービスの利用状況を把握して，SLAで合

意したITサービスの目標や計測値を確実に達成することです。そのため，例えば会社の基幹システムであれば，以下のような項目を監視することになります。

- 毎日どの時間帯に受注が集中してトランザクション数が増えるか？
- 毎週何曜日に出荷数が多いか？
- 月末／月初めはサービスの利用者数にどんな変化があるか？
- 季節ごとの利用状況のパターンはどうか？

　監視の結果，トランザクション数が増加するトレンドが確認されたら，必要に応じてキャパシティの見直しを行い，インシデントの発生を未然に防ぎます。このように，サービスキャパシティ管理はプロアクティブなアクションが要求されるのです。

○リソースキャパシティ管理

　リソースキャパシティ管理とは，ITサービスを構成するITインフラストラクチャの各コンポーネントの利用状況を把握し，それによってインシデントを未然に防ぐことです。このプロセスではCPU，メモリ，ネットワーク，ストレージなどの各コンポーネントの性能上のしきい値を理解し，利用状況を監視します。しきい値を越える利用状況やトレンドが確認された場合は，すみやかに必要な対策を実施します。

▶▶3つのサブプロセスの日々の活動

　キャパシティ管理の3つのサブプロセスで日々実施すべき活動として，「監視」「分析」「チューニング」「実装」が挙げられます。

○監視

　キャパシティ管理プロセスが必要とされたサービス，ソフトウェア，ハードウェアを見張り，必用なデータを収集することです。その対象となるデータは以下のようなものです。

- CPU利用率
- メモリ利用率
- ネットワーク利用率
- ネットワーク上のノードの数

- トランザクションの数，およびトランザクション処理にかかる時間
- HDDなどのストレージの容量
- ITサービスまたはアプリケーションソフトウェアの応答時間

これらをIT要員が直接監視するのは現実的でないので，システム運用監視ツールを利用することになるでしょう

○分析

監視活動で収集されたデータを利用して，サービスやコンポーネントの利用状況を分析します。あらかじめ定められたしきい値を越えたか，現状の利用率でサービスの提供を維持できるかなどを判断します。

○チューニング

監視データの分析結果から，サービス提供の必要性に応じてCPUやメモリ，HDDなどの割当量や利用条件などを最適な状態に調整することです。チューニングによって，不要なハードウェアやソフトウェアなどのリソースの追加を防止できます。

○実装

監視，分析，チューニングを実施した結果，必要な変更があれば実装します。

> **総括　キャパシティ管理の実行**
> ◎ビジネスキャパシティ管理，サービスキャパシティ管理，リソースキャパシティ管理という3つのプロセスを実施する！
> ◎日々の活動として，監視・分析・チューニング・実装を実施する！

- 注11-6　将来的なビジネスの拡大も考慮する必用
  問題管理プロセスの目標の1つは「将来的なインシデントも未然に防ぐこと」であるため，このような必用が生じる。当然，余分な手間とコストを要する
- 注11-7　ビジネスの観点
  短期的な視点，あるいは長期的な視点からの観点の場合がある
- 注11-8　SLR
  Service Level Requirement＝サービスレベル要件
- 注11-9　発生するトランザクション

この場合は商品の出荷，配送，代金の請求，返品の回収などが考えられる

第11章 キャパシティ管理

第12章
ITサービス財務管理

CHAPTER 12

ITサービス財務管理 ▷ 基礎解説編

基礎 12-1 ITサービス財務管理の目標

　ITサービス財務管理とは，ITサービスを提供する上で使用されるIT資産と費用を最も効率的に管理するためのプロセスです。長期的な予算と会計（支出の管理）を透明化し，費用対効果が高いITサービスとコストのバランスを保ち，無駄なコストの削減を図ります。また，ITサービスを享受する部門に対して，正確で公平に課金できるようにします。

- ITサービスを提供する上で使用されるIT資産とリソースを効率よく（費用対効果の高い）管理する
- ITサービス提供に要する費用を明確に算出し，サービスを享受する顧客ごとに振り分けられるようにする
- ビジネス要件に基づいて必要とされる，ITサービスの変更に関するコストの情報を提供することにより，上級マネジメントのIT投資に対する決定を支援する
- 正確な予算管理とIT会計を通じて，ITサービスにかかる費用を透明化し，費用対効果の高いITサービスを提供する。また，継続的に無駄なコストを削減する

基礎 12-2 ITサービス財務管理の主な活動

　ITサービスに要する費用は複雑です。例えばPCを購入する場合，「リース」「レンタル」「買い取り」「ライセンス契約」「買い取りソフトウェア」「サポート契約」のほか，「機種」「ベンダー」「導入時期」などの要素があります。IT機器や外部サービスの中には，使用量に応じて単価が変わるもの[注12-1]もあります。もちろん，人的リソース（社員，派遣，アウトソース）の費用も考えなければなりません。正確で透明性がある，IT資産と費用の管理は簡単ではないのです。

　ITサービス財務管理では，IT資産に関する詳細な情報を物理的なレベルで管

理します。これに対して一般的なファイナンス（財務管理部門）では、ITサービス部門やグループ、あるいは使用されている数十〜数百台のPCを1つの単位として、バランスシート[注12-2]の必要性に応じた管理をする点が違います。

▶▶ 予算管理

　ITサービスに要する年間予算、あるいは会社が必要とするIT関連の年間予算を予測し、作成した計画をコントロールします。IT資産のライフサイクル[注12-3]を詳細に管理すると同時に、ライフサイクルに合わせた機材の更新や新たな契約、ビジネス要件に基づくプロジェクトとの連携をとります。予算管理の重要な役割は、「予算」と「実際に必要とされたコスト」をできるだけ一致させることです。

▶▶ IT会計

　IT関連の予算を正確に管理して透明性を高め、説明責任を果たせるようにします。そのためには顧客、サービス、変更ごとに要した費用を特定できる能力が求められます。これを実現するためには、ITサービス関連の支出はすべてIT関連の予算から賄われるようにして、それが正確に管理される必要があります。

▶▶ 課金

　顧客に対して提供したITサービスに対する請求によって、ITサービスに要したコストを回収します。このためには、「正確なIT会計」と「透明性のある公平な課金」のプロセスを確立する必要があります。

　課金の体系を工夫することによって、ITサービスをさらに効率化することができます。例えば、ITサービスの使用時間帯によって課金を変化させることで、キャパシティの平準化[注12-4]が期待できます。また、課金によってITサービスを使う側／提供する側のコスト意識が高まり、最終的に無駄なコストの削減につながります。課金を実施するかどうかの判断は、企業や組織の状況によって決められます。

▼ 課金の体系の工夫によってITサービスを効率化する例

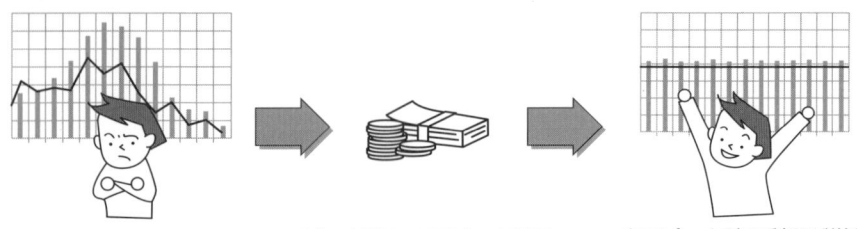

ITサービスの利用状況は時間帯による偏りがある → ピーク時とオフピーク時で差をつけて、ITサービスへの課金を設定する → オフピーク時の利用が増えて、ITサービスの利用状況が平均化される

基礎 12-3 ITサービス財務管理のキーワード～各種のコスト

　ITサービス財務管理の活動において，コストに関する以下のキーワードが重要です。

▶▶ 原価モデル（Cost Model）

　ITサービスの提供に必要なすべてのコストを明確に管理して，提供を受ける顧客や場所（ビジネス単位またはグループなど）などに対して配布するフレームワークのことです。

▶▶ 直接費（Direct Costs）

　単一の顧客に対する，明確なコストのことです。つまり，ある特定の部門や工場だけで使用するITサービスに対して発生しているコストを指します。

▶▶ 間接費（Indirect Costs）

　複数の顧客が共有しているサービスに対して発生するコストのことです。ネットワークやデータセンターのコスト，専門知識を持つ技術部門の人件費などがこれに該当します。

▶▶ 固定費（Fixed Costs）

　利用量（使用量）などの利用の度合いが変化しても，変動しないコストのことです。例えば外部ベンダーによる保守を年間契約にすれば，どれだけ保守作業を

▼ 顧客ごとコストの原価モデル

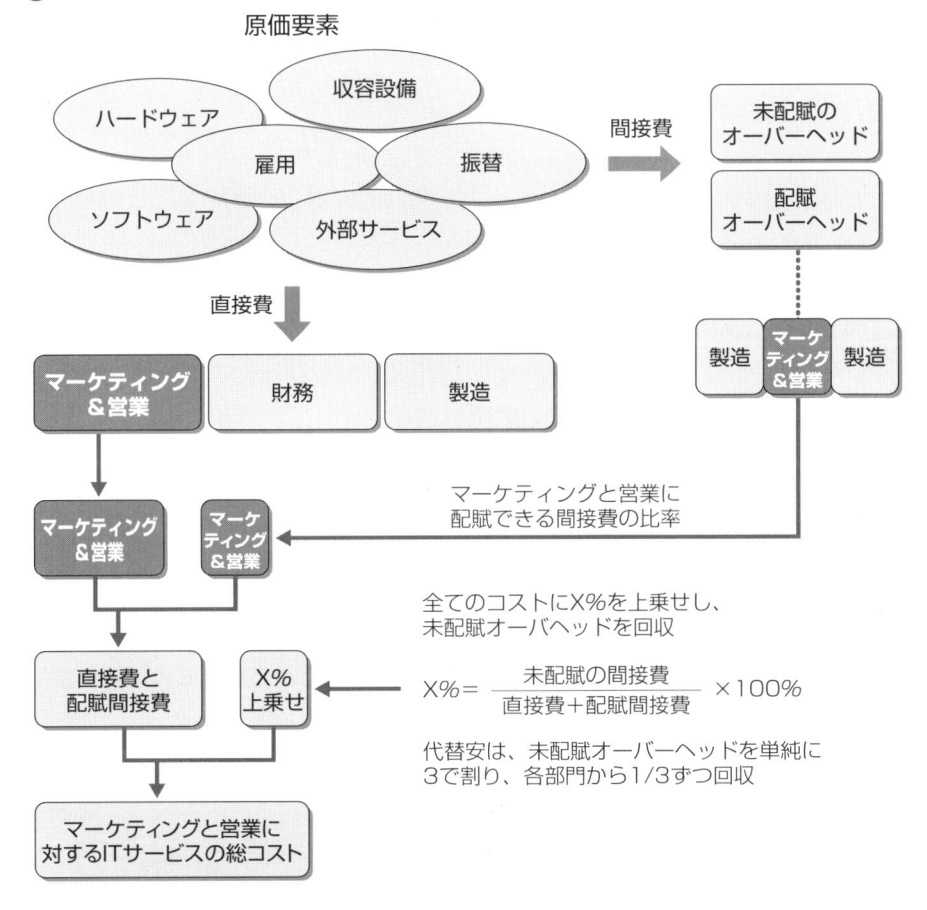

原価要素: ハードウェア、収容設備、雇用、振替、ソフトウェア、外部サービス

直接費 → マーケティング＆営業、財務、製造

間接費 → 未配賦のオーバーヘッド、配賦オーバーヘッド → 製造、マーケティング＆営業、製造

マーケティング＆営業 → マーケティング＆営業

マーケティングと営業に配賦できる間接費の比率

直接費と配賦間接費 + X%上乗せ

全てのコストにX%を上乗せし、未配賦オーバヘッドを回収

$$X\% = \frac{未配賦の間接費}{直接費＋配賦間接費} \times 100\%$$

代替案は、未配賦オーバーヘッドを単純に3で割り、各部門から1/3ずつ回収

マーケティングと営業に対するITサービスの総コスト

行ってもコストは同じです。

▶▶ 変動費（Variable Costs）

利用量（使用量）や時間帯によって変動するコストのことです。外部の通信費やメインフレームのCPUの使用料などはこれにあたります。

▶▶ 原価費目（Cost Types）

ITサービスのコストを正しく見積もり、支出を管理するための基本的なコストの分類のことです。

▼ 原価費目と原価要素の例

主要な費目	原価要素
ハードウェア	中央処理装置、LAN、ディスク・ストレージ、周辺機器、WAN、PC、携帯機器、ローカルサーバ
ソフトウェア	OS、スケジューリングツール、アプリケーション、データベース、個人生産性ツール、監視ツール、分析パッケージ
人材	給与コスト、福利厚生、赴任費用、必要経費、時間外手当、コンサルタント料
収容設備	オフィス、倉庫、セキュリティ強化フロア、光熱費
外部サービス	警備サービス、災害復旧サービス、アウトソーシングサービス、人事オーバヘッド
振替	組織内の他の原価部門からの内部課金

▶▶ コスト管理の範囲・コスト管理の単位

　予算管理とIT会計を正確かつ透明化して管理するためには，コスト管理の「範囲」や「単位」を整理することが必要です。これにより，顧客に対するITサービス財務管理の説明責任[注5]の必要性も高まります。

　範囲や単位の一例として，顧客ごとのコスト，ITサービスごとのコスト，場所ごとのコストとして管理する手法があります。それぞれ名前のとおり，ITサービスを享受する顧客単位，ITサービス単位[注6]，地方の支店や工場などの場所単位でコストを明確にして管理します。

基礎 12-4 ITサービス財務管理における考え方

　ITサービス財務管理のプロセスを進めるにあたって，重要になる考え方をまとめておきます。

▶▶ ファイナンスからのサポート

　ITサービス財務管理のプロセスでは，ITとファイナンスの両方の知識を求められます。このため，必要に応じてファイナンスからサポートを受けることも考慮するべきです。

▶▶ 個別の予算管理における注意点

　前述のとおり，ITサービス関連のコストの内訳は複雑です。サーバ1台の管理をとっても，そのサーバはどのビジネスで使うものか，周辺機器やソフトウェアのライセンスサポートの費用はどのように負担するべきかが明確でないと，ライフサイクルを考えた予算管理はできません。このため，部門やグループごとに個別に予算を管理するのが一般的です。

　個別の予算管理では，IT資産の正確な把握がより重要です。例えば翌年度の予算案を作成する場合，IT資産を正確に把握していないと，予算オーバーを避けるために不明確な分がリスクとして上乗せされる恐れがあります。こうして組まれた予算を合計したのでは，ITサービス全体の予算と実コストの間に大きな差が生

● グループ，個別予算管理のイメージ図

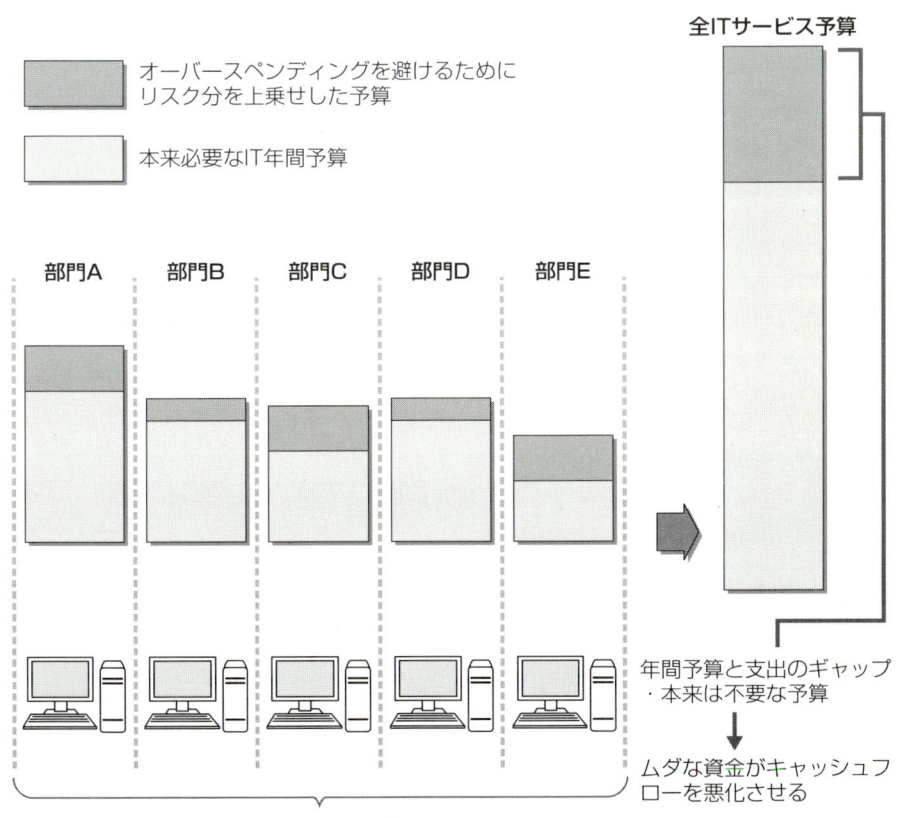

　　オーバースペンディングを避けるために
　　リスク分を上乗せした予算

　　本来必要なIT年間予算

部門A　部門B　部門C　部門D　部門E

全ITサービス予算

年間予算と支出のギャップ
・本来は不要な予算

ムダな資金がキャッシュフローを悪化させる

部門ごとに購入・管理されるIT資産

じてしまい，キャッシュフローを悪化させる原因になります。ITサービス財務管理の実践では，このような観点も含むべきでしょう。

▶▶ 工数についての考え方

構成管理などのプロセスと同様，IT資産を管理するために必要な工数は"適用の範囲"や"詳細の程度"によって大きく変わります。1つの考え方として，必要な工数は**ITサービス財務管理のプロセスから得られる利益を超えるべきではありません**。ここで言う「利益」とは，キャッシュフロー，無駄なコストの削減，ビジネス部門とITサービス部門双方のコスト意識の向上などです。

▶▶ ITサービス財務管理と構成管理との関係

構成管理のプロセスは，ITサービスを提供するために必要なCI（構成アイテム）とその属性について責任を持ちます。したがって，資産や費用としての価値がないものでも，それがITサービスを形成する上で重要なものであればCIとして認識し，他のCIとの関連やそのほかの属性について確実に管理します。その際，ITサービス財務管理ではコストの観点でCIを管理します。

▶▶ ITサービス財務管理とサービスレベル管理との関係

ITサービスのレベルは必要なコストと直結しています。ITサービスの可用性を向上させるため，膨大な費用が必要になるのはその一例です。ITサービス財務管理はSLAの合意内容とサービスレベルの議論に対して具体的な数値データを提供し，より現実的な合意へと発展させる役割があります。

基礎 12-5 ITサービス財務管理のKPI

ITサービス財務管理のプロセスを評価するためのKPIは，以下のような項目が考えられます。

① 計画された予算の正確性
② 予算計画の提出が遅れた日数
③ ITサービスのTCO（Total Cost of Ownership：総所有コスト）
④ ITサービスのコストまたは課金に対して寄せられた質問，および不満の数

⑤顧客満足度

　計画した予算と実際のコストの開きが大きい（①），あるいはITサービスのTCOが適正でない（③）などの場合は，IT資産を正確に把握していない，ITサービスのコストに対する認識が低いなどの問題を抱えている可能性があります。予算計画の提出が何日も遅れるようでは（②），当然ながらITサービス財務管理のプロセスは回りません。④の質問や不満が多い場合は，説明責任を果たしていない，予算が適切でないために十分なITサービスが提供されていない（SLA違反）などの原因が考えられます。

- 注12-1　使用量に応じて単価が変わるもの
  ライセンス制の業務用アプリケーションの中には，ユーザー数が増えるとライセンス1つあたりの料金が安くなるものがある。その逆に，外部サービスでより迅速な対応を要求するためには，既定より高い料金が必要な場合がある
- 注12-2　バランスシート
  ある時点の企業の財務状態を明確にするための表。一方に負債と資本を，他方に資産を記入して両者を対照させる。貸借対照表と呼ばれる場合もある
- 注12-3　IT資産のライフサイクル
  ライフサイクルは商品が市場に登場して，他の商品に駆逐されるまでの過程。この場合は老朽化や陳腐化，ライセンスおよびサポート契約の更新＆打ち切りなどによって，ITサービス用の機器が使われなくなることを指す
- 注12-4　キャパシティの平準化
  ピーク時の課金を高く設定することにより，ピーク時の利用がオフピーク時へと流れるため，全体の不均衡が改善される可能性がある。これはキャパシティ管理のプロセスにも関係する
- 注12-5　説明責任
  権限のある人や企業，行政機関などが外部の利害関係者に対して，自身の行動について説明する責任のこと。アカウンタビリティ（Accountability）
- 注12-6　ITサービス単位
  この場合，複数の顧客に対してITサービスが提供されている可能性について考える必要がある

ITサービス財務管理 ▷ 一問一答編

疑問 12-1　ITサービス財務管理は何をするプロセスですか？

→ ITサービスにかかわるすべての費用を透明化し，確実に管理することによって，ITサービスの費用対効果を最大化するとこです。

▶▶ ITサービスにかかる費用

　ITサービスではハードウェア，ソフトウェア，ライセンス，リースなどに関連する費用が発生します。社内外の人件費もそこに含まれます。そのITサービスが社内の全部署に対するものなのか，あるいは特定の部署に対するものなのかによって，発生した費用に対する考え方は異なります。このように全体が複雑に関係するため，ITサービスの費用は**ITと財務の観点でバランスがとれた管理**をする必要があります。

　一般に会社のIT関連費用は総売り上げの1～3%以上と言われており，そのうち70%以上が日々のITサービスに関するものだと考えられます。これらの費用を正しく・確実に管理することは重要ですが，その内訳は非常に複雑です。正確な費用を予算化し，支出の会計処理をするためには相応の労力が必要です。

　ITサービスに必要な費用には，以下のようなものが含まれます。それぞれ購入や支払いの方法，経費や固定資産などの管理の項目が異なります。

▼ITサービスに必要な費用の例

要　件	固定資産	リース／購入	年間保守費	減価償却
◆ハードウェア				
UNIXサーバ		リース	○	
Windowsサーバ	○	購入	○	○
PC		購入	○	
ルータ		リース	○	
◆ソフトウェア				
リレーショナルデータベース		購入	○	○
ERP	○	ライセンス	○	
カスタマイズビジネスアプリケーション		購入	○	○
◆人件費				
社内要員				
外部委託要員				
◆設備費				
データセンター	○	購入	○	○
ITサービス要員オフィス		リース		

▶▶ ITサービス部門をコストセンターとした場合の問題

　ITサービスの費用のうち，ハードウェアのリース代やソフトウェアのライセンス費用は扱いが難しく，一般の財務管理部門だけで正確に管理するのは不可能です。ビジネス部門ごとやITサービスごとのコストを管理するとなると，難易度はさらに高くなります。

　このため，ITサービス部門全体をコストセンターとして位置づけている企業が多いようです。ITサービスの費用は，ビジネス部門の部署ごとの人員数で頭割りして負担するというものです。しかし，それには以下のような問題があることも知っておくべきです。

○ITサービス部門のコスト意識が希薄になる

　コストセンターという位置づけで費用を消費していると，ITサービスを提供する側（＝ITサービス部門）のコスト意識が薄れてしまう傾向があります。その結果，「自分が提供するサービスをビジネスの結果と照合した時，その費用対効果は正当化できるか？」という観点が失われる危険があります。

◯ビジネス部門のコスト意識が希薄になる

　ビジネス部門では提供されるITサービスごとの費用が不明になるため，コスト意識が存在しなくなります。また，ITサービスを使う／使わないに関係なく費用を徴収されるので，「使わなければ損だ」という意識が生まれます。その結果，ビジネス遂行に必須ではない要求まで出されて，費用対効果が見込めない変更や機能の開発が行われてしまいます。

◯無駄な予算を確保してしまう

　前述の表にあるように，ITサービスの費用を管理するための項目は多く，それに関係するハード／ソフトウェアの数も膨大です。このため，ITサービスの年間費用を算出したり，ましてや翌年以降の予算を考えたりするのは簡単ではありません。その結果，ドンブリ勘定で算出した費用を集積して予算化し，場合によっては数千万〜数億円の無駄な予算を確保することになってしまいます。これは製品や原材料の不要在庫を抱えるようなものであり，「ITサービス部門は経費を無駄にしている」という指摘を受けることになりかねません。

▶▶費用対効果の正当性を証明するには？

　効率がよく，費用対効果の正当性が証明されたITサービスを実現するためには，ITサービス部門とビジネス部門の人員が**高いコスト意識を持つ**ことは不可欠です。また，ITサービスの費用は財務管理の知識だけでは管理できません。このため，ITサービス部門として財務の管理をサポートする能力，すなわちITサービス財務管理が必須なのです。

総括　ITサービス財務管理で必要なこと

◎ITサービスの費用はITと財務の観点でバランスをとって管理する！
◎ITサービス部門とビジネス部門のそれぞれが高いコスト意識を持つ必要がある！

疑問 12-2　ITサービス財務管理はどのような手順で実施するのですか？

→ まずポリシーを作成し，それに基づいて予算管理，IT会計，課金という3つのプロセスを遂行します。

▶▶まずポリシーを決める

一口に「ITサービスの費用」と言っても，その内訳は複雑です。このため，ITサービス財務管理では最初にポリシー（原理原則）を決定して，**そのポリシーに従ってITサービス財務管理のプロセスを遂行する**のです。

▼ ITサービス財務管理のプロセスはポリシーに従って遂行する

まずポリシーを決める

ポリシーに沿ってITサービス財務管理のプロセス遂行する

ポリシーの作成にあたっては，まずIT財務管理マネージャを任命します。会社やITサービス部門の規模，与えられた条件などを勘案したうえで，財務管理の専門職の協力を得てポリシーを作成します。最終的には，ビジネス部門とITサービス部門の双方の合意が必要です。

ITサービスの費用にはいろいろな要素が絡み合います。例えばパソコンに関係する費用を考えるとき，固定資産，経費，リースなどの分類があります。これに保守やサポートの人件費[注12-7]，ソフトウェアのライセンス料，ネットワークの保守費，外注費，データセンターの使用料[注12-8]など，ITサービス部門がパソコンをサポートするための費用が加わります。これらの要素をすべて把握するのは容易ではありません。

また，パソコン本体やソフトウェアをビジネス部門ごとの予算で購入している会社も少なくありません。このような方式では，パソコン関連費用の総額が不明になります。それではパソコンやソフトウェアの標準化は進まず，更新の予定も組めなくなってしまうでしょう。

このようにITサービスの費用は複雑なので，予算の管理や割り振りなどをスムーズに処理するため，最初にポリシーを決める必要があるのです。その際，ITサービスをほとんど利用しない部署にも頭割りで費用を負担させると，不満が生じる可能性があるので注意しましょう。

▶▶ ITサービスの資金を確保する予算管理

予算管理（Budgeting）の目的は，ビジネス部門が要求する**ITサービスを提供するための予算を確保する**ことです。通常は1年間ごとに，過去の実績と今後の必要支出の予想をもとにして，必要な資金を予算化します。また，後述するIT会計プロセスからの情報をもとに資金の消費を管理し，消費の超過があれば適切にコントロールします。

ここで行われる予算化は，ITサービスを要求する部署にとって重要な意味があります。このため，SLAをベースにしてビジネス部門とITサービス部門が密接かつ定期的にレビューし，合意しておくことが必要です。

▶▶ ITサービス関連の支出を明確にするIT会計

IT会計（IT Accounting）は日々の**ITサービスに関連する支出を明確化**して，どのように費用が使われたかを証明するためのプロセスです。IT会計にはITサービスごと，あるいは顧客ごとの管理をする能力が必要です。また，IT会計は財務管理の専門家と協力して遂行されるべきです。

ITサービス財務管理の基本は簡素化,そして標準化です。しかし,ITサービスに関係する費用の形態はさまざまであり,直接費,間接費,固定費,変動費,減価償却費などの観点を含める必要があります。ただし,あまり細分化すると手間や人件費によるデメリットが大きくなってしまいます。このため,バランスよく管理する感覚も要求されます。

▶▶ コスト意識を高める課金

正確なIT会計が実現し,ビジネス部門またはITサービスごとの費用や支出が明確になれば課金(Pricing)が可能になります。課金を実施するには**簡素で正確なIT会計**と**公正妥当な請求**が必須です。これを欠かすと,顧客から反発を受けます。

課金のプロセスによって,ITサービス部門だけでなく,ビジネス部門のITサービスに対するコスト意識が向上します。不要なサービスの見直し,ITサービスの最大限の活用などに積極的に取り組むようになり,それはITサービスに要するコストの削減につながります。

また,課金は社内のITサービスの品質や費用について,社外と比較するきっかけにもなります。比較の結果,社外のITサービスを利用するほうが低コストであると判明すれば,ITサービスのアウトソーシング(外注)化もありえるでしょう。その逆に,社外より高品質のITサービスを低価格で提供できることが証明されれば,ITサービスの販売を検討することもあります。

課金はITサービス部門が利益を出すためのプロセスではありません。ビジネス部門とITサービス部門が高いコスト意識を持つことによって,**ITサービスの費用対効果を最大にすること**が真の目的なのです。

総括 ITサービス財務管理はどうやるか?

◎最初に作成したポリシーに従って,ITサービス財務管理を遂行する!
◎予算管理のプロセスによって,ITサービスに要する予算を確保する!
◎IT会計のプロセスによって,ITサービス関連の支出を明確にする!
◎課金のプロセスはITサービス部門とビジネス部門のコスト意識を高める!

・注12-7 社員の人件費
　　　　　正社員と契約社員,派遣社員とでは人件費に差があるので,その点も考える必要がある

- 注12-8　データセンターの使用料
　　　　　データセンターの使用料はCPUの使用量によって変わるため，あらかじめ正確に算出するのが難しいことが多い

第13章

ITILのビジョン・判定・測定についての疑問

CHAPTER 13

疑問 13-1 「ITILのビジョン」とは何ですか？

→ ITサービスの最終目標のことです。あるビジョンを達成したら，新たなビジョンが設定されます。

▶▶ なぜビジョンが必用なのか？

　ITILの実践において大切なのは，ITサービスの改善活動を継続すること（CSIP）です。ここで重要なのはITILのビジョン，つまり**ITサービスの改善活動を継続する上での最終目標**です。このビジョンは，企業が組織の方針として掲げるビジョンと同じ性質のものです。

　ITILを実践するにあたって掲げるビジョンは，IT組織の大きさ，成熟度，会社内の位置づけや期待値などによって異なります。例えば，以下のようなビジョンが考えられます。

- ビジネス戦略を達成するため，必要とされるITサービスを提供する
- ITの応用を主導し，顧客が満足する品質で「ビジネス価値を生み出すITサービス」を提供する組織を目指す

　ビジョンが示すのは，ITILの実践によってITサービス部門が目指すべき方向です。ビジョンが示されることにより，ITサービス部門の要員はITILの実践に対して真剣に取り組み，高いモチベーションを維持できます。同時に，ビジネス部門やITサービスの内部／外部サプライヤの上級マネジメントに対しても，ビジョンは意味があるものでなければなりません。

　作成したビジョンはステートメント（声明）として公布し，社内に浸透させます。特にITサービスのステークホルダに対しては，ビジョンの達成がビジネスに貢献すること，利益につながることを理解させます。必用ならば，ステークホルダごとに分かりやすく説明します。

▶▶ ビジョン→戦略→個人のアクションプランへ落とし込む

　ビジョンやミッションが掲げられると，具体的な方針やプリンシプル（原理原則）が立案されます。そして戦略やアクションプラン（行動計画）へと落とし込

んでいきます。例えばビジョンをもとにして、ITサービス部門は以下のような方針を決めます。

- 品質：ビジネス要件に注力し、ITサービス品質の要件を確実に満たす
- 結果：ITILを通じて、大きな成功を伴う結果を達成する
- 成長：ITサービスマネジメントの日々の改善を通じて、自らが成長する
- 知識：ITテクノロジとビジネスのバランスを持った知識集団を目指す

このような方針を踏まえて、原理原則を策定します。ここでは優先順位、標準化への指針、戦略的な投資、新旧テクノロジなどに対する考え方を決めます。

▼ ビジョン→戦略→個人のアクションプランへ落とし込む

① ITサービス部門としてのビジョンを決定する

② ビジョンをもとに、ITサービス部門の戦略を立てる

③ 戦略をもとに個人レベルのアクションプランを考え、実施する

原理原則が作成できたら，具体的な戦略やアクションプランへと落とし込みます。すべてのIT要員に対するITILの基礎トレーニング，ITIL実践に向けた基本ロードマップの作成，運用管理ツールの導入の準備，サービスデスクやインシデント管理の運用プロセスの改善などがこれにあたります。

なお，ここで立案された戦略やアクションプランは，ITサービス部門という組織ベースのものです。現場のITサービス要員は，これを自らのアクションプラン（＝個人ベースのアクションプラン）へと落とし込み，そして実行します。

ITILの実践は長期的なプロジェクトです。プロジェクトとしてあらかじめ準備を実施し，ITサービス部門とビジネス部門の上級マネジメントによる承認やコミットメント（公約）を得ておきます。小規模の組織ではこのようなフレームワークは不要かもしれませんが，本来はこのような考え方が必要であることを理解しておきましょう。

> **総括　ITILにおけるビジョン**
> ◎ITサービスの改善活動を継続するため，まずビジョンを明確にする！
> ◎IT組織やITサービス要員が実施する戦略やアクションプランは，ビジョンから落とし込んで決める！

疑問 13-2　ITサービス部門の成熟度はどのように判定したらよいのですか？

→ 細かいチェックや数値ではなく，マネジメントの観点で自らが判断します。

▶▶ 何のために成熟度を判定するのか？

疑問1-3「『ITILは目新しいものではない』とはどういう意味ですか？」でも触れたように，問題意識を持たずにITILの書籍集を読んでも，何も得ることはできません。これと同様に，ITILの実践においては現状に対する問題意識が不可欠です。

すでに問題が表面化しているのなら，それを解決するアクションを起こし，解決した時点で終了になることもあります。しかし，ITIL実践とは改善活動の継続

です。すなわちあるビジョンを達成したら，また新たなビジョンを作成します。そのためには，「ITサービス部門の現状」と「IT組織としての成熟度」を理解することが大切です。それによって，**次に目指すべき段階が明確になり，ステップアップのための効果的な戦略やアクションプランを作成できるようになります。**

成熟度を測定するために，数十～数百項目もの細かいチェックや数値化した判定は不要です。あくまでもマネジメントの観点で，自らが判断します。各段階において，例えば以下の表のような項目を判断材料とします。CMMI[注13-1]，COBIT[注13-2]，Planning to Implement Service Management[注13-3]などを参考にして，5段階程度で判断すればよいでしょう。

▼IT組織の成熟度を判断する項目

判定項目	意味
人材の観点	ITテクノロジのスキルやキャパシティ，ビジネスの理解，戦略策定遂行能力
プロセスの観点	ITサービスマネジメントのプロセスの確立の度合い
テクノロジの観点	技術の応用，標準化，統合化，サービスとしての完成度，外部サプライヤの利用など
マネジメントの観点	単にITとしてのマネジメント，ビジネス戦略の一部としてのマネジメント
文化の観点	IT組織の持つ風土，カルチャー
ビジョンや戦略の観点	ビジネス戦略に基づいたIT戦略策定と実行能力

総括　IT組織の成熟度を判定する

◎ビジョンを達成するため，ITサービス部門の成熟度の判定は不可欠である！
◎成熟度の判定によって，明確な自覚と目標を持ち次のステップへ進める！

疑問 13-3　「ステークホルダ」とは何をする人ですか？

→ プロジェクトとしてCSIPを実行する上で，何らかの形で利害を受ける関係者のことです。

▶▶ どんな人がステークホルダなのか？

　ステークホルダとは**ITILの実践（CSIP）で何らかの形で利害を受ける関係者**のことです。ITILの実践が成功したか否かは，ステークホルダからの評価で決まります。ステークホルダの協力がなければ，プロジェクトが失敗することもあります。このため，ITILの実践にあたってはステークホルダを明確にして，ステークホルダとの適切な関係を構築する必要があるのです。

　ITILの実践にあたって，以下の人物がステークホルダとして考えられます。これは企業の規模や組織構成などによって変わります。

- ITILの実践によって利害を受ける組織のマネージャ（管理職）
- ITILの実践に関わる要員（ビジネス部門とITサービス部門双方）のマネージャ

▶▶ ステークホルダを意識する理由

　ITILの実践が成功するカギは，顧客やユーザの満足度にあります。ここで注意したいのは，顧客とユーザの利害が相反する場合，つまり**両者の満足度が正反対になる**というケースです。

　例えば「テクノロジの標準化」を推進すると，それによってインシデントの低減や生産コストの削減が実現するため，顧客の満足度は向上します。一方，ユーザはインシデントの低減を評価する反面，ITサービスの使い勝手やフレキシビリティ（柔軟性）が悪化したと感じて，満足度が低下する可能性があるのです。

　また，組織の大小に関係なく，変革や革新に抵抗する人は必ずいるものです。その場合，ITIL推進者の協力で解決できることもあります。このように組織内の抵抗勢力を減らし，マネジメントからのサポートやコミットメントの獲得を後押ししてくれるITIL推進者は，ステークホルダとして重要です。

> **総括　ステークホルダを意識することの意味**
> ◎ステークホルダごとにITサービスに対する考え方や満足度が違う場合がある！
> ◎ITILの推進に協力的なステークホルダは重要な存在である！

疑問 13-4 プロジェクトの成果はどのように測定するのですか？

→ 達成感を得やすくするために短期間ごとに目標を設定し，それが達成できたかを確認します。達成後の褒賞も大切です。

▶▶ プロジェクトを継続するための目標設定

すでに述べたように，ITILはITサービスの改善を継続するプロジェクトです。プロジェクトの継続にあたって，その成果が見えることは重要です。取り組んでいるプロジェクトの成果が見えなければ，メンバーのモチベーションが低下します。またスタートから何カ月経っても成果が見えなければ，関係部署やステークホルダから「このプロジェクトは失敗した」と判断されるかもしれません。

このような事態を避けるため，短期間ごとに成果を計測してプロジェクトの達成度を確認し，それを次のアクションへとつなげます。ITILのプロジェクトではマイルストーンごとに達成目標を設定して，**目標ごとにKPIを設定**します。KPIではなく，もっと簡単に考えてもよいでしょう。例えば，以下のような項目が挙げられます。

- アプリケーションサービス，ネットワークなどの可用性
- アプリケーションサービス，ネットワークなどの信頼性
- インシデントの解決から次のインシデント発生までの時間（MTBF）
- インシデント解決までに要する時間（MTTF）
- クリティカル／メジャー／マイナーの各インシデントの発生数
- ITサービスに起因するビジネスインパクト，残業数，損失金額など
- サービスに要する年間予算の正確性

また，個々の機能やプロセスにおいては，それぞれ個別にKPIとして目標を設定するべきです。例えばサービスデスクにおけるITILの実践では，以下のようなKPIが考えられます。

- サービスデスクに掛かる，一定期間ごとの電話の数
- サービスデスクで受けた電話や問い合わせ，インシデントの一次解決率

- サービスデスクで受けた電話への対応の時間，受けてから対応までの時間，対応から解決までの時間
- サービス時間外に受けた電話の数
- 繰り返し発生する同様のインシデント数
- インシデント発生から解決までの時間（MTTR）
- ユーザや顧客の満足度

　KPIを設定してプロジェクトの成果を計測するには，ITサービス運用の可視化が不可欠です。そのためには運用監視ツールや運用管理ツールを活用して，それらのツールを使うプロセスの確立，データの入力に関する厳格なルール作りが必要です。

　ITILの各機能やプロセスごとにKPIを設定すると，共通する項目が発生する可能性があります。例えば，MTTRや顧客満足度はサービスデスクだけではなく，他の機能やプロセスでも共通の計測値です。このように共通する項目は区別して考えた方がよい場合もあるでしょう。

　通常は定期的なアンケートによって，顧客やユーザの満足度を調査します。年に1～2回ならば書面でも可能ですが，問い合わせやインシデントごとにアンケートを実施する場合はツールが必要です。このアンケートの結果は顧客，マネジメント，ユーザによって異なります。全体的に同じ評価になることが多いのですが，アンケートを実施した時期，あるいはアンケートの項目によっては，三者の評価が相反することもあります。

▶▶ マイルストーンごとに達成目標を設定する

　ITILの実践，すなわちCSIPは長期間にわたる活動です。例えば「サービスデスクの一次回答率を85％まで改善する」と言っても，1カ月や2カ月では達成できないことは明白です。仮に達成できたとしても，会社や組織，ビジネスの形態は日々変化するため，やがて85％を下回ってしまう可能性があります。その場合は，再び回答率を改善させなくてはなりません。このような状況では**期間を限定して目標を設定**し，目標を達成したらいったん完結させて，次のステップの目標を設定するようにします。

　最初から高い目標を設定すると，それを達成するまでの期間も長くなります。これではいつまでたってもプロジェクトは完結せず，達成感を得られません。

　先ほど「マイルストーンごとに達成目標を設定」と説明しました。例えば6カ

月で達成すべき目標に対して，2カ月または3カ月ごとにマイルストーンを区切って設定します。サービスデスクの一次回答率を65％から85％へ向上させるのが最終目標ならば，2カ月後は70％→4カ月後は80％→6カ月後は85％というように，段階的に設定するのです。

▼ **長期のプロジェクトではマイルストーンごとに目標を達成するとよい**

新宿	三鷹	立川	高尾
スタート	マイルストーン① 60分で通過	マイルストーン② 120分で通過	ゴール 180分で到着

また，**マイルストーンごとの目標を達成したら褒賞する**ことが必要です。ITサービスに限ったことではありませんが，日々の業務で褒められることは少ないものです。しかし，仕事に見合った褒賞がなければ，モチベーションを維持して継続的な改善活動を実施することはできないのです。

総括　プロジェクトの成果を測定する
◎目標は短期間ごとに設定し，それが達成できたかを確認する！
◎ITサービス部門の士気高揚のためにも，目標達成に対する褒賞は大切である！

疑問 13-5 「改善活動の維持」とはどうすることですか？

→ ビジネス要件に基づき，コストに見合ったITサービスの改善活動を持続することです。それがITILの実践なのです。

▶▶ 維持すべき改善活動とは？

疑問1-1「何のためにITILを導入するのですか？」や疑問1-4「ITILを実践するにあたって大切な心構えは何ですか？」でも解説したように，ITILの実践とはITサービスの運用を継続的に改善することです。そのIT運用の改善は**ビジネス**

要件に基づき，**コストが正当化されている**ことが必用です。また，改善活動は1回改善したら終わりではなく，その結果を計測して，必用であれば**新たな改善活動へ移行**します。

　ITILを実践するにあたって，現在あるITサービスを否定して，ITILの考え方に基づいたITサービスを再構築する必要はありません。ただし，現状のITサービスに対する問題意識は大切です。問題意識を持つことによって，ITサービスを改善する意欲が生まれます。現状のIT運用を計測して可視化し，問題意識を持ち，ITILで解説されている考え方やベストプラクティスを参考にして，少しずつ改善していきます。その改善の結果を計測して，IT運用サービスで活用します。

○ケース1：ビジネスアプリケーションのプログラム変更が原因のインシデントが頻発する場合
　このケースではまず問題管理の会議を開催して，可視化したIT運用の状況を解析します。そして，どのような変更でインシデントが発生しやすいのか，発生の頻度はどのくらいか，どのエリアのどの担当者が関与した場合に発生しやすいのかなど，さまざまな観点から検討します。検討の結果，例えば「エリアごとにビジネスアプリケーション運用の責任者を選任し，変更の際は責任者の承認を得る」という改善でインシデントを防止できると予想されたなら，すぐにそれを実施します。そして計測の結果，さらなる検討や改善が必要だと判明したならば，新たな検討と改善に移ります。

○ケース2：導入したSLAの目標を達成できなかった場合
　このケースではビジネス部門のマネージャと協議して，改善を実施します。費用が発生する場合は，その負担先を明確にします。また，改善によってサービスレベルが上がる場合は，それに合わせてSLAの内容も変更します。

▶▶ ITサービスの品質を日々向上させる

　年々加速するビジネスの変化に合わせて，ITサービスも変化します。ビジネスを展開する会社，ビジネス・ITサービス部門の組織やその要員も同様です。このため，一度構築したIT運用プロセスは継続的に改善していき，これらの変化に対応できるようにする必用があります。つまり，ITサービスの品質を日々向上させなければならない，ということです。

　企業間の激しい競争を勝ち抜くため，ビジネス部門はビジネス戦略の実現を目指します。当然ながら，ITサービス部門は「ITサービスの提供によって，ビジ

ネス戦略の実現を支援する組織であること」が求められます。エンタープライズアーキテクチャ[注13-4]やサービス指向アーキテクチャ[注13-5]，オフショア，サービスデスクやデータセンターの統合などを実現させ，新たなビジネス価値につながる提案をできるIT組織へと成長していかなければならない，ということです。

　ITILの実践とは，ITILはIT運用のベストプラクティスであるという考え方のもと，ビジネス要件に基づいて，コストが正当化された日々の改善ができる状態を維持することです。それは将来における，IT運用組織の成熟度を高めることにつながります。

> **総括　改善活動の維持**
> ◎IT運用の改善→結果の計測→IT運用の新たな改善……というサイクルを継続させることである！
> ◎IT運用の改善活動はビジネス要件に基づき，コストが正当化されたものでなければならない！

- 注13-1　CMMI
  Capability Maturity Model Integration。能力成熟度モデル統合
- 注13-2　COBIT
  Control　Objectives for Information and related Technology。34の領域からなる，ITガバナンスのためのプロセスとフレームワーク
- 注13-3　Planning to Implement Service Management
  ITILを構成する7冊の書籍の1つ，サービス管理の導入計画立案
- 注13-4　エンタープライズアーキテクチャ
  企業や政府・自治体などの組織（Enterprise）の業務と情報システムを連携させて，最適の状態にするための文書や図表，管理体制，手法などのこと
- 注13-5　サービス指向アーキテクチャ
  Service-Oriented Architecture＝SOA。ビジネスプロセスを実装したサービスを単位として，再利用可能なサービスを積極的に活用することで，ビジネスモデルに従ったバリューチェーンマネジメントを効率よく構築・変更するITアーキテクチャ

索引

■英文字

BCM ································172
CAB ·························77，83
CABミーティング··················75
CDB ······························179
CI→構成要素
CMDB→構成管理データベース
CSIP ································6
DSL ································95
Foundation Certificate in IT Service Management ···3
ICTインフラストラクチャ管理············2
ITIL Ver3 ···························2
ITILの1つの機能と10のプロセス·······20
ITILのビジョン ·····················202
IT会計 ·······················187, 198
ITサービス継続性管理 ··············154
ITサービス財務管理 ······186, 194 ,197
ITサービス部門の成熟度 ············204
ITサービスマネジメント ·············7
ITサービス継続性管理 ··············162
ITサービス継続性管理の導入·······158, 166
ITサービス継続性管理の発動··········159
KPI ································34
Manager Certificate in IT Service Management······3
MTBF ····························149
MTTR ····························149
OGC ································2
OLA ··························36, 42
Pilot SLA ·························123
PIR ································70
Practitioner Certificate in IT Service Management···3
RCM ······························172
RFC ···························81, 86
RFP ································70
SCM ······························172
Service Delivery→サービスデリバリ
Service Support→サービスサポート
SLA ·························122, 130
SLM ······························120
SPOC ······························26
TCO ·······························118
UC ···························36, 42

■ア行

アージェントチェンジ·················79
アップデート ·······················33

アプリケーション管理 ················2
アプリケーションサイジング··········175
あるべき姿のIT運用·················10
石川ダイヤグラム ····················69
一次解決率 ·····················27, 37
一次対応 ·······················27, 33
インシデント ·······················50
インシデント管理 ·········5, 15, 44, 59
インシデントマネージャ ···············20
インパクト ·························34
インパクト評価 ·····················75
運用管理ツール····················47
英国商務省→OGC
エスカレーション ····················34
エラー ·························56, 68
エラーコントロール ··············58, 67
エリアマネージャ ····················21

■カ行

改善活動の維持 ··················209
課金 ··························187, 199
確定版ソフトウェア保管庫············95
可視化 ·····················16, 38, 149
可用性管理 ··················136, 144
可用性計画立案···················138
可用性設計 ·······················139
関係 ······························116
間接費 ····························186
管理レポート ······················33
既知のエラー ··················57, 68
基本的な変更 ······················79
キャパシティ管理 ···············170, 176
キャパシティ管理データの格納·······175
切り戻し計画 ······················94
緊急度 ····························52
緊急の変更 ····················79, 87
繰り返し活動 ·····················173
計画的ダウンタイムの管理··········141
継続的サービス改善活動············6
原価費目 ··························189
原価モデル ·······················186
構成アイテム→CI
構成管理 ····················102, 109
構成管理データベース ·········106, 112
構成要素 ··························110
コール ·························26, 33
コールセンター ·················31, 37
顧客 ·····················8, 17, 19

INDEX

顧客満足度 ……………………………33, 141
コストの正当性 ………………………127, 151
固定費 ……………………………………186
根本原因…………………………51, 56, 64, 67

■サ行

サービスキャパシティ管理 …………172, 181
サービスサプライヤ……………………………35
サービスサポート ……………………………2, 4
サービス性 ……………………………138, 147
サービスデスク ……………26, 31, 36, 37, 54
サービスデリバリ ……………………………2, 4
サービスのベースライン ……………………128
サービスプロバイダ……………………………35
サービスマネジメント導入計画立案 …………2
サービスレベル管理 …………………120, 127
サービスレベルマネージャ……………………21
需要管理 ………………………………………174
信頼性 …………………………………138, 146
スタンダードチェンジ…………………………79
ステークホルダ ………………………………205
スモールステップ・クイックダウン …………6
セキュリティ …………………………141, 147
セキュリティ管理 ………………………………2
設計の改善 ……………………………………139
セントラルサービスデスク ………………28, 39
相互協定 ………………………………………157
即時的復旧 ………………………………158, 165
属性 ……………………………………………116
ソフトウェアライセンスの管理 ……106, 115

■タ～ナ行

ダウンタイム …………………………………149
単一障害点 ……………………………………139
段階的復旧 ………………………………157, 165
中間的復旧 ………………………………157, 165
直接費 …………………………………………186
テスト・シミュレーション …………………139
デルタリリース…………………………………94
ナレッジデータベース…………………………34

■ハ行

バーチャルサービスデスク ………………29, 39
パッケージリリース……………………………95
ビジネスインパクト分析 ……………………156
ビジネスキャパシティ管理 …………172, 181

ビジネス継続性戦略 …………………………156
ビジネスの観点 …………………………2, 83, 151
標準的な変更 …………………………………79
費用対効果 ……………………………………196
ファウンデーション ……………………………3
復旧オプション ………………………………157
復旧設計 ………………………………………140
フルリリース……………………………………94
フレームワーク …………………………………7
ブレーンストーミング…………………………69
プロアクティブなアクション …………6, 60, 64
プロジェクトの成果 …………………………207
ベーシックチェンジ……………………………79
ヘルプデスク ………………………………31, 37
変更………………………………………………76
変更管理 …………………………………72, 79
変更管理マネージャ……………………………75
変更諮問委員会…………………………………83
変動費 …………………………………………189
保守性 …………………………………138, 147

■マ～ワ行

マイルストーン ………………………………208
マネージャ ………………………………3, 20
モデル化 ………………………………………174
問題 ………………………………………50, 68
問題意識 ………………………8, 14, 16, 47, 56, 62
問題コントロール ………………………57, 65
ユーザ ……………………………………8, 19
優先度 ……………………………………52, 75
予算管理 ………………………………187, 198
リアクティブ……………………………………64
リスク …………………………………………162
リスクの評価 …………………………………156
リスク分析と管理 ……………………………139
リソースキャパシティ管理 …………172, 182
リソース評価 ……………………………75, 90
リリース管理……………………………………96
リリース計画……………………………………91
リリースの受け入れ……………………………92
リリースの設計・構築・設定 …………………92
リリースの投入計画……………………………93
レビュー…………………………………………60
ローカルサービスデスク ………………27, 39
ワークアラウンド ……………………………157

213

カバーデザイン	◆	イデアコラボレーションズ株式会社
本文デザイン／レイアウト	◆	株式会社マッドハウス
編集	◆	田村佳則

著者紹介

■久納信之（くのう のぶゆき）

大手消費財メーカーにて長年，国内外のシステム開発，導入プロジェクト，IT運用に従事。1999年からはITILを実践し，ITSMの標準化と効率化に取り組む。2002年itSMF Japan設立に参画するとともに，ITILの日本語化に協力。2004年からはITサービスマネジメントを中心としたコンサルタントとして活動中。itSMF Japan SLA分科会座長，itSMF Japan Value Creation分科会座長，EXIN ITILマネージャ認定資格試験採点を担当。

　1999年，フィリピンのマニラにて受験し，自分でも気づかないまま日本人としてはじめてEXIN ITIL Foundationの資格を取得。趣味はスポーツすることと観ること。毎週末は冬の期間はスキー，それ以外はテニスをプレーしています。

●お問い合わせについて

　ご質問は本書の記載内容に関するものに限定させていただきます。本書の内容と関係のない事項，個別のケースについてのご質問には一切お答えできません。なお，電話でのご質問は受け付けておりませんので，FAX・書面・弊社Webサイトの質問用フォームのいずれかをご利用ください。ご質問の際には書名・該当ページ・返信先を明記していただくようお願いします。

　ご質問にはできる限り迅速に回答するよう努力しておりますが，内容によっては回答までに日数を要する場合があります。《回答の期日を指定しても，ご希望にお応えできるとは限りません》ので，あらかじめご了承ください。

●お問い合わせ先
〒162-0846
東京都新宿区市谷左内町21-13
株式会社技術評論社　書籍編集部
「強い会社はこうして作られる！
　　－ITIL実践の鉄則」係
FAX
03-3513-6167

●サポートホームページ
本書の内容について，弊社ホームページでサポート情報を公開しています。
http://book.gihyo.jp/

強い会社はこうして作られる！
－ITIL実践の鉄則

2007年　7月　5日　初版　第1刷発行
2010年　3月　25日　初版　第3刷発行

著　者　久納信之
発行者　片岡　巌
発行所　株式会社技術評論社
　　　　東京都新宿区市谷左内町21-13
　　　　電話　03-3513-6150　販売促進部
　　　　　　　03-3513-6160　書籍編集部
製本／印刷　港北出版印刷株式会社

定価はカバーに表示してあります。

本書の一部または全部を著作権法の定める範囲を超えて，無断で複写，転載，テープ化，ファイル化することを禁止します。

2007©久納信之

造本には細心の注意を払っておりますが，万一，乱丁（ページの乱れ）や落丁（ページの抜け）がございましたら，小社販売促進部までお送りください。送料小社負担にてお取り替えいたします。

ISBN978-4-7741-3125-2　C3034

Printed in Japan